Manuela Georgiakaki
Christiane Seuthe
Anja Schümann

Beste Freunde A1.2

DEUTSCH FÜR JUGENDLICHE

Deutsch als Fremdsprache
Arbeitsbuch mit Audios online

Hueber Verlag

Audio-Dateien zum Arbeitsbuch:
Audio-Produktion: Tonstudio Langer, Ismaning
Sprecher: Lena Amon, Jael Kahlenberg, Anna Pichler,
Johanna Sandhaeger, Leopold Binder, Jonas Haerty, Noa Soffner,
Dascha Poisel, Jakob Riedl

Beratung:
PD Dr. habil. Marion Grein, Johannes Gutenberg-Universität Mainz

Die Audio-Dateien finden Sie in der *Hueber Media*-App und unter:
www.hueber.de/beste-freunde

4. 3. 2. | Die letzten Ziffern
2029 28 27 26 25 | bezeichnen Zahl und Jahr des Druckes.
Alle Drucke dieser Auflage können, da unverändert, nebeneinander benutzt werden.
1. Auflage

Umschlaggestaltung: Sieveking Agentur, München
Layout und Satz: Sieveking Agentur, München
Verlagsredaktion: Julia Guess, Beate Dorner, Silke Hilpert, Hueber Verlag, München
GPSR-Kontakt: Hueber Verlag GmbH & Co. KG, Baubergerstraße 30, 80992 München,
kundenservice@hueber.de
Druck und Bindung: Westermann Druck Zwickau GmbH, Crimmitschauer Str. 43, 08058 Zwickau,
westermann_druck@westermann.de
Printed in Germany
ISBN 978-3-19-821051-2

Art. 530_30236_001_02

1. In jeder Lektion

Übungen zu Wortschatz und Kommunikation

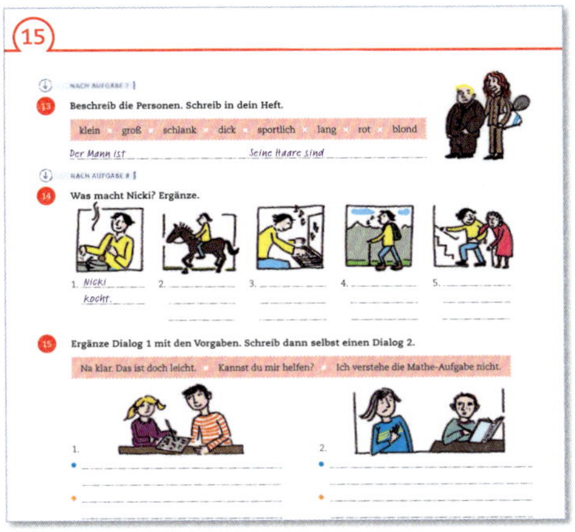

Grammatik selbst entdecken

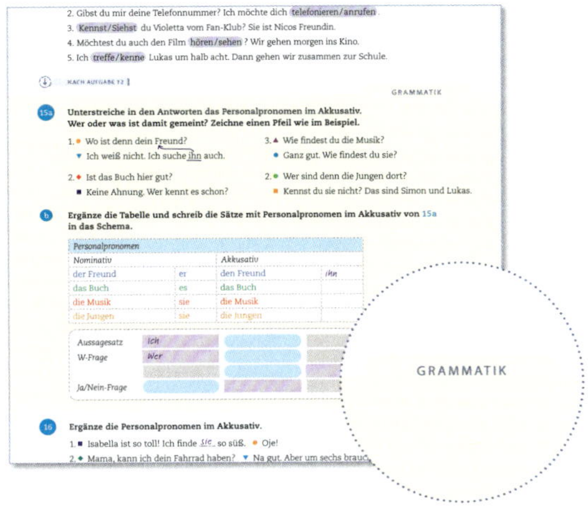

Texte schreiben lernen

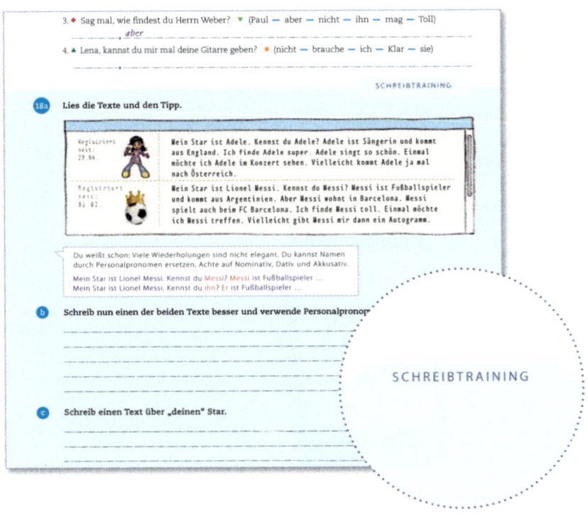

Aussprache gezielt üben

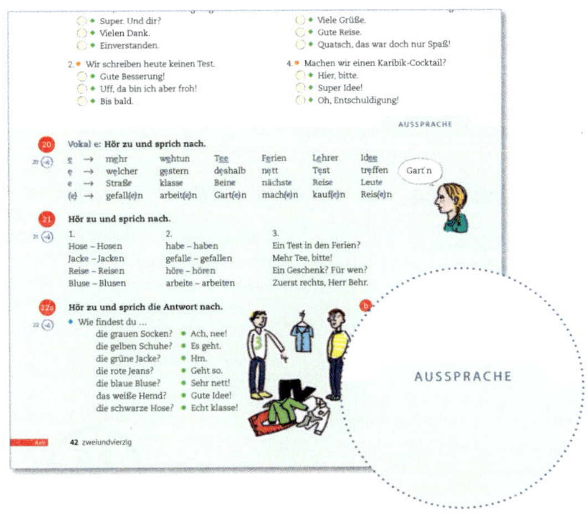

Lernwortschatz-Seite

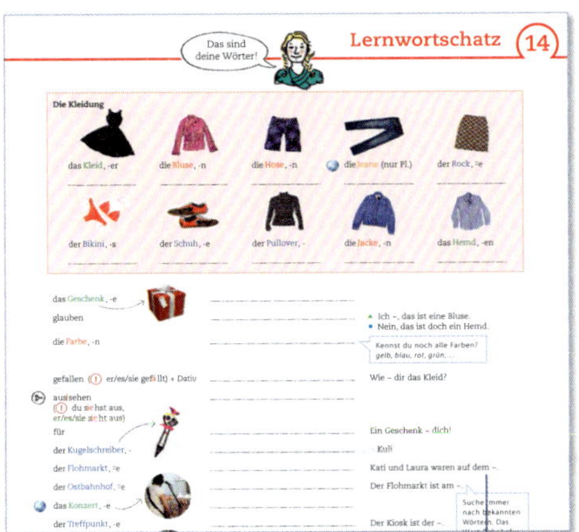

Hinweise zum Lernwortschatz

(Globus)	Diese Wörter sind im Englischen gleich oder sehr ähnlich.
der Hunger (nur Sg.) die Leute (nur Pl.)	Diese Wörter kommen nur im Singular / nur im Plural vor.
(die) Minute	Diese Wörter werden meist ohne Artikel verwendet.
~	Im Beispielsatz steht ~ für das Lernwort.

2. Nach jedem Modul

Training: Lesen, Hören, Sprechen und Schreiben

Training: Lesen

Lesen

1a Schau die Texte und die Bilder an. Was ist das? Kreuze an.

ⓐ ein Blog ⓑ ein Chat ⓒ eine Webseite für Schüler

b Lies die Texte A–C. Welche Überschriften passen? Ordne zu. Achtung: Drei Überschriften passen nicht.

1. Lieblingssport: Computerspiele
2. Wer möchte Jugend-Reporter werden?

Lernfortschritte überprüfen

Das kannst du jetzt!

Mach die Übungen. Schau dann auf S. 89 und kontrolliere.

1 Du machst eine Ferienreise. Dein Freund hat viele Fragen. Ergänze.

2 Du möchtest deine Oma besuchen und telefonierst mit ihr. Sie hört nicht gut. Ergänze.

3 Deine Freundin gibt dir ein Geschenk. Was sagt sie? Was antwortest du?

3. Im Anhang

Partnerübungen zum Kursbuch

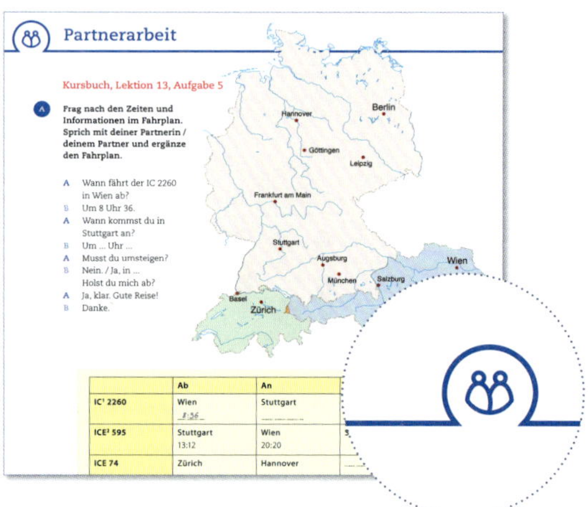
Partnerarbeit

Kursbuch, Lektion 13, Aufgabe 5

A Frag nach den Zeiten und Informationen im Fahrplan. Sprich mit deiner Partnerin / deinem Partner und ergänze den Fahrplan.

alle Hörtexte zur Aussprache und zum Fertigkeitentraining über die App abrufbar

Piktogramme und Symbole

NACH AUFGABE 3 — Übung passend nach Aufgabe 3 im Kursbuch

⊕ Übungen für Kurse mit mehr Wochenstunden

Schreibübungen für das persönliche Dossier der Lernenden

2 ·)) Übungen mit Hörtext über die App abrufbar

Lerntipps — Stell dir zu jedem neuen Wort ein Bild vor.

Hinweise zum Sprachvergleich

Inhalt

LEKTION 10

Nico sammelt Schiffe.

NACH AUFGABE 2

1 **Was passt nicht? Streiche durch.**

1. sammeln — Fan-Artikel — DVDs — ~~Mineralwasser~~
2. schreiben — einen Handy-Anhänger — einen Text — ein Buch
3. basteln — Ohrringe — Modellschiffe — CDs
4. mitmachen — manchmal — nein — heute

2 **Ergänze die Wörter mit Artikel. Ergänze auch die Pluralformen.**

~~CD~~ ✖ Ring ✖ Computerspiel ✖ DVD ✖ Ohrring ✖ Handy-Anhänger ✖ Poster ✖ Fan-Artikel ✖ Schiff

der ....

das ....

die CD ....

die CDs, ...

GRAMMATIK

3a **Lies und unterstreiche alle Subjekte und Verben.**

Was sammelst du?

1. Ohrringe. Viele bastle ich selbst.
2. Ich sammle Kulis. Schau mal, 3218 Kulis.
3. Und wir sammeln Comic-Hefte.
4. Ich sammle Asterix-Figuren. Ich habe schon 217.

b **Ergänze die Tabelle.**

	sammeln	basteln
ich		
du		bastelst
er/es/sie	sammelt	
wir		basteln
ihr	sammelt	
sie/Sie	sammeln	

4 **Ergänze die Verben *sammeln* und *basteln* in der richtigen Form.**

1. ● Sammelst du Fan-Artikel von Werder Bremen?
   ▲ Nein, ich .... Fan-Artikel von Bayern München.
2. ■ Was macht Nico da?
   ◆ Er .... ein Schiff.
   ■ Interessant.
3. ◆ Anna und Mira .... Manga-Comics. Sie haben schon 100.
   ● Toll.
4. ● Wir .... unsere Ohrringe selbst.
   ■ Super, ... ihr auch Ringe oder nur Ohrringe?

NACH AUFGABE 5

lesen ✖ skypen ✖ basteln ✖ tanzen ✖ ~~fernsehen~~ ✖ Skateboard fahren ✖ laufen ✖ Freunde treffen

5 **Was passt? Ergänze.**

A

fernsehen

B

....

C

....

D

....

E

....
....

F

....
....

G

....

H

....

GRAMMATIK

6 **Ergänze die Tabelle.**

	lesen	fernsehen		treffen		fahren	laufen	
ich			e		e	fahre		a
du	(!)	(!)	↓	(!) triffst	↓	(!) fährst	(!) läufst	↓
er/es/sie	(!) liest	(!)	ie	(!)	.....	(!)	(!)	.....
wir	lesen	sehen fern						
ihr								
sie/Sie							laufen	

7 **Ergänze die Verben in der richtigen Form.**

1. **lesen**
- ■ Was liest du denn da?
- ▲ Romeo and Juliet.
- ■ Wie bitte?
- ▲ Romeo und Julia. Ich .... das Buch für die Schule. In Englisch .... wir Shakespeare.

2. **fernsehen**
- ● .... du viel ....?
- ▲ Na ja, am Nachmittag .... ich zwei oder drei Stunden ....

3. **fahren**
- ■ Wohin .... ihr im Sommer?
- ◆ Nach Bayern. Wohin .... du?
- ■ Ich .... nach Berlin.

4. **laufen**
- ● Hey, Max .... 100 Meter in zwölf Sekunden.
- ▲ Wirklich? Und du?
- ● Ich .... 100 Meter in 13,4 Sekunden.

8 **Lies das Elflein. Schreib dann auch ein Gedicht mit elf Wörtern zu einem Wochentag.**

Sonntag (1 Wort)
Du liest. (2 Wörter)
Du siehst fern. (3 Wörter)
Du triffst deine Freunde. (4 Wörter)
Super! (1 Wort)

GRAMMATIK

9 **Schau die Bilder an und lies. Schreib dann die Verbformen in die Tabelle.**

	heißen	tanzen
ich	heiße	
du	(!)	(!)
er/es/sie		
wir		
ihr		
sie/Sie		

10 **Was passt? Kreuze an.**

	ich	du	er/es/sie	wir	ihr	sie/Sie
heißen				x		x
fahrt						
tanzt						
fährt						
treffe						
heißt						
liest						

NACH AUFGABE 6

SCHREIBTRAINING

11a **Ordne die Sätze.**

b **Schreib die E-Mail in dein Heft.**

c **Markiere die Teile, die es in jeder E-Mail geben muss.**

Von: simonmillerl@mail.de
An: computerklub@pasing.de
Betreff: Mitglied im Computerklub

...... und natürlich spiele ich am Computer.
...... Simon
...... Nun meine Frage:
...... Hallo,
3 Mein Hobby ist der Computer.
...... ich heiße Simon und wohne in München-Pasing.
...... Kann ich in der Computergruppe mitmachen? Gibt es Treffen? Wann und wo?
...... Viele Grüße und bis bald!
...... Ich programmiere gern und mache viel mit Photoshop

NACH AUFGABE 8

12 **Was ist richtig? Unterstreiche.**

1. ein Modell zeichnen – skypen
2. eine E-Mail skypen – schreiben
3. eine Skizze basteln – machen
4. per Post schreiben – schicken
5. ein Schiff fotografieren – fragen
6. per E-Mail skypen – schicken

NACH AUFGABE 9

GRAMMATIK

13a **Unterstreiche alle Subjekte und Verben wie im Beispiel.**

Du fotografierst dein Schiff.
Du schickst das Foto.
Oder du machst eine Skizze.

b **Ergänze die Regel.**

Imperativ

~~du~~ schreib~~st~~ → schreib!

Schreib das Verb in der du-Form. Streich .... und die Endung ....

!

essen → iss!
lesen → lies!
laufen → lauf! (*auch:* fahren, schlafen)
sammeln → sammle! (*auch:* basteln)
sein → sei!

14 **Bilde den Imperativ wie im Beispiel.**

1. ~~du~~ triff~~st~~ → *triff!*
2. du fragst → ....
3. du zeichnest → ....
4. du kaufst ein → ....
5. du machst mit → ....
6. du duschst → ....
7. du siehst fern → ....
8. du findest → ....
9. du schläfst → ....
10. du bastelst → ....
11. du liest → ....
12. du fährst → ....
13. du bist → ....
14. du kaufst → ....

15 **Was sagt Nickis Trainer? Ergänze die Verben im Imperativ.**

trinken ✕ laufen ✕ essen ✕ schwimmen

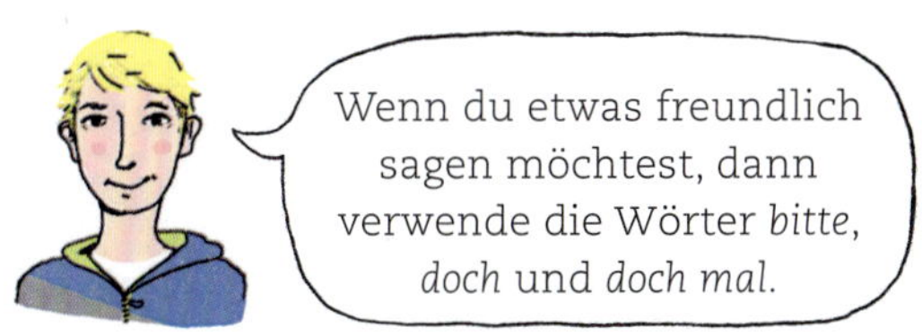

.........., Nicki!

.... 500 Meter!

.... doch nicht so viel, Nicki!

.... jetzt bitte kein Wasser!

GRAMMATIK

16a **Lies die Sätze und unterstreiche die Verbteile. Ergänze dann die Infinitive.**

1. Schreib Laura eine E-Mail. *schreiben*
2. Sei um halb acht hier! ....
3. Räum bitte jetzt auf! ....

b **Schreib die Sätze aus 16a in das Schema.**

	Position 1		Ende
Imperativ	*Schreib*	*Laura eine E-Mail.*	

c **Ergänze die Regel.**

Imperativ	Bei trennbaren Verben steht Verbteil 1 *(räumen)* auf Position .... Verbteil 2 *(auf)* steht immer am ....

NACH AUFGABE 12

17a **Ordne zu und schreib in den Artikelfarben.**

~~Park~~ ✖ Kino ✖ Café ✖ Bibliothek ✖ Schwimmbad ✖ Sporthalle ✖ Kaufhaus ✖ Fan-Klub

Park

....

....

....

....

....

....

....

b **Lies den Text. Wohin geht Nico heute? Unterstreiche die Orte wie im Beispiel und verbinde sie in 17a.**

Nico: „Heute Nachmittag gehe ich in die Sporthalle und trainiere bis vier Uhr. Dann möchte ich ein Modellschiff kaufen. Deshalb gehe ich ins Kaufhaus. Um fünf gehe ich ins Café Allegro, dort treffe ich Laura und Simon. Wir möchten ins Kino gehen, aber heute gibt es einen Liebesfilm. ☹ Da gehen wir lieber in den Park und treffen dort Lukas. Er fährt da immer Skateboard."

c **Ergänze die Regel.**

Wohin? in + *Akkusativ*		
	in	Park
(!)	....	Kaufhaus
	....	Sporthalle

18 **Wohin kann Nicki gehen? Gib Nicki Tipps.**

1. *Geh doch in* ....
2. ....
3. ....
4. ....

AUSSPRACHE

19 p – b, t – d, k – g: **Hör zu und sprich nach.**

2

p	→	Park	Problem	Pause	–	b	→	basteln	Buch	Brot
t	→	treffen	Tee	Tante	–	d	→	dick	duschen	Durst
k	→	Kaufhaus	kalt	Kuchen	–	g	→	gehen	Gemüse	grün

20 **Hör zu und sprich nach. Nimm dann ein Blatt Papier und sprich die Wörter noch einmal deutlich. Was passiert?**

3

1. Party – basteln
2. Kurs – gut
3. Test – deshalb
4. Pizza – bis
5. kaufen – grau
6. Platz – blau
7. Tante – dann
8. kalt – ganz
9. Kino – Gitarre
10. toll – doch

21 **Hör zu und sprich nach. Spielt dann die Dialoge zu zweit.**

4-9

1. ▲ Brauchst du das blaue Bio-Buch?
   ● Ja, bitte bald!
2. ▼ Machen wir eine Party mit Pizza und Popcorn im Park?
   ● Kein Problem!
3. ◆ Du duschst am Dienstag? Dusch doch am Donnerstag!
   ■ Warum? Donnerstag ist doch doof!
4. ■ Tinas Tanten tanzen Tango? Echt?
   ● Ja! Und sie trainieren auch Tischtennis und trinken total viel Tee!
5. ◆ Isst du grünes Gemüse?
   ▲ Ja, gern! Das ist ganz gesund!
6. ▼ Das Kamel trinkt keinen Kakao, nur kalten Kaffee?
   ● Ja, klar!

10 Lernwortschatz

das Schiff, -e	....	das Modell~
sammeln ((!) ich sammle)	....	Ich ~ Modellschiffe.
basteln ((!) ich bastle)	....	Ich ~ gern Flugzeuge.
der Klub, -s	....	Kann ich im Modellschiff-~ mitmachen?
mit|machen	....	Du kannst beim Wettbewerb ~.
das Handy, -s	....	Hast du ein ~? Dann rufe ich dich an.

Sammelobjekte

der Fan-Artikel, -	....	der Handy-Anhänger, -	....
der Ring, -e	....	das Poster, -	....
die CD, -s	....	das Computerspiel, -e	....
der Ohrring, -e	....	das Spiel, -e	....

das Hobby, -s	....	fahren ((!) du fährst, er/es/sie fährt)	....
tanzen	....	treffen ((!) du triffst, er/es/sie trifft)	....
skypen	....	fern|sehen ((!) du siehst fern, er/es/sie sieht fern)	....
lesen ((!) du liest, er/es/sie liest)	....		
laufen ((!) du läufst, er/es/sie läuft)	....		

Lern die Verben so auswendig: *ich sehe fern, du siehst fern, er/es/sie sieht fern*

gerade	....	● Was liest du ~? ◆ Ich lese Harry Potter.
noch mal	....	Kannst du das bitte ~ sagen?
wiederholen	....	Wie bitte? Kannst du das bitte ~?
fragen ?	....	
fotografieren	....	~ doch dein Schiff.
schicken	....	~ uns das Foto.
(die) Post (nur Sg.)	....	Schick das Bild per ~.
(die) E-Mail, -s	....	Schick das Bild per ~.
das Problem, -e	....	Dein Modell ist nicht fertig? Kein ~!
schnell	....	Mach ~ eine Skizze!
sagen	....	~ Alina: Ich mag dich.
doch	....	Schick ~ Alina eine E-Mail.
immer	....	Am Dienstag habe ich ~ Sport.
wohin	....	● ~ möchtest du gehen? ■ Ins Kino.

Erinnerst du dich: Mit *doch, mal, bitte* klingt dein Satz freundlicher.

Orte in der Stadt

das Café, -s	....	die Bibliothek, -en	....
der Park, -s	....	das Schwimmbad, ¨-er	....
das Kino, -s	....	das Kaufhaus, ¨-er	....

in (wohin?)	....	
gehen	....	Wohin muss Nico im Winter ~?
oft	....	● Gehst du ~ in die Sporthalle? ◆ Ja klar. Ich mache gern Sport.
(das) Skateboard, -s	....	Lukas möchte ~ fahren.

Mein Fuß tut weh!

11 LEKTION

NACH AUFGABE 2

1a **Finde noch neun Körperteile.**

C	H	I	Z	T	N	O	P	P	L	S	D	A	Z	S	T
F	E	H	A	L	S	B	R	A	K	O	P	F	T	O	P
A	V	C	H	O	N	E	R	O	M	L	A	U	R	I	O
F	G	I	N	N	A	R	Ü	L	A	M	T	ß	U	D	H
V	R	U	D	S	Z	W	C	O	R	P	H	T	D	E	R
M	U	B	E	I	N	N	K	O	M	E	H	A	N	D	A
B	A	U	C	H	U	M	E	D	W	O	L	L	R	E	N
I	K	R	A	U	P	I	N	T	S	E	L	D	A	M	E

b **Ergänze in den Artikelfarben die Nomen im Singular und die Artikel.**

1. die Hand ... die Hände
2. .... die Arme
3. .... die Beine
4. .... die Füße
5. .... die Ohren
6. .... die Zähne

2a **Schau die Bilder an und ergänze.**

~~Ihre Ohren tun weh.~~ × Sie hat Halsschmerzen. × Sein Rücken tut weh. × Sie haben Zahnschmerzen.

A 

Ihre Ohren tun weh.

B 

C 

D 

b **Lies und schreib Sätze.**

1. Rita kann heute nicht singen. (*Hals — wehtun*)
   Ihr Hals tut weh.
2. Jan macht drei Stunden Breakdance. (*Rückenschmerzen haben*)
   Er ...
3. Ich kann nicht laufen. (*Beine — wehtun*)
4. Nico kann nicht Gitarre spielen. (*Hand — wehtun*)
5. Lina und Anne können nichts essen. (*Bauchschmerzen haben*)
6. Laura kann nicht mehr klettern. (*Arme — wehtun*)

NACH AUFGABE 3

3 Ordne den Dialog.

Stefan. Er spielt super. ✖ Meine Hand? Ach, ein Unfall mit dem Fahrrad. ✖ Oh, wie blöd! Und wer macht jetzt die Tore? ✖ ~~Oh, deine Hand! Was ist los?~~ ✖ Ja, sehr. Und ich kann drei Wochen nicht Handball spielen! ✖ Oje, ein Unfall! Tut sie denn sehr weh?

- ● *Oh, deine Hand! Was ist los?*
- ◆ ……
- ● ……
- ◆ ……
- ● ……
- ◆ ……

NACH AUFGABE 5

GRAMMATIK

4a Schau die Bilder an und ergänze.

~~Wer bringt mir ein Eis mit?~~ ✖ Ich zeige dir mal meine Ohrringe. ✖ Kaufst du mir ein Computerspiel, Papa? ✖ Ich gebe dir meine Handynummer.

A 

B 

C 

D 

A: *Wer bringt mir ein Eis mit?*

B: ……

C: ……

D: ……

b Lies die Sätze in 4a noch einmal und unterstreiche die Personalpronomen im Dativ.

c Schreib die Sätze aus 4a in das Schema und ergänze die Tabelle.

Aussagesatz	*Ich*	*gebe*			
	Ich			*mal meine Ohrringe.*	
W-Frage	*Wer*				*mit?*
Ja/Nein-Frage		*du*			

Personalpronomen		
Nominativ	ich	du
Dativ		

5 Was ist richtig? Unterstreiche.

1. ◆ Ich habe Durst, gibst du mir/dir ein Glas Wasser? ■ Ja, gern.
2. ▼ Ich zeige mir/dir mal mein Computerspiel. Hast du Zeit? ◆ Ja, klar!
3. ● Ich gehe in den Supermarkt. Ich bringe mir/dir Saft mit. Magst du Ananassaft? ▲ Oh ja!
4. ■ Mama, kaufst du mir/dir ein Kicker-Magazin? ▼ Nein, jetzt nicht. Du musst noch Mathe üben.
5. ▲ Nico, zeig mir/dir doch mal dein Modellschiff! ● Ja, gern.
6. ◆ Könnt ihr mir/dir bitte mal die Schere geben? ■ Hier, bitte.

6 Ergänze das Personalpronomen im Dativ und das Verb in der richtigen Form.

1. Gehst du in die Bibliothek? Bringst du mir „Harry Potter 3" mit? (*mitbringen*)
2. Oh, das ist falsch. ………… ………… doch bitte mal den Radiergummi! (*geben*)
3. Ich ………… ………… mal meine Ringe. Hier, das ist mein Lieblingsring. (*zeigen*)
4. Oma, ………… du ………… Popcorn? (*kaufen*)
5. Ich gehe einkaufen. Ich ………… ………… Orangensaft …………, ja? (*mitbringen*)

7 Schreib die Sätze richtig.

1. (du — deine Skizze — Kannst — mir — zeigen)
Kannst …………?
2. (eine E-Mail — schreibe — dir — Ich)
………….
3. (einen Kaugummi — mir — Wer — gibt)
…………?
4. (mir — Bring — einen Stift — mit)
…………!
5. (schicke — ein Foto — dir — Ich)
………….
6. (Kannst — mir — du — mitbringen — eine Tüte Chips)
…………
…………?

8 Welche Antwort passt? Kreuze an.

1. ● Spielen wir Monopoly?
   a ◆ Oh, schade! b ◆ Ja, richtig. c ◆ Tut mir leid. Ich habe keine Zeit.
2. ◆ Opa, zeigst du mir mal die Fotos?
   a ■ Ja, gleich. b ■ Cool. c ■ Oje! Tut es sehr weh?
3. ▲ Telefonieren wir mal? Ich gebe dir meine Handynummer.
   a ◆ Doch. b ◆ Ja, gern. c ◆ Hallo.
4. ▼ Hast du Durst? Ich bringe dir ein Glas Wasser mit.
   a ● Viele Grüße. b ● Nein, falsch. c ● Nein, danke.

NACH AUFGABE 7

GRAMMATIK

9a **Lies die Dialoge und unterstreiche die Verbformen von *sein* und *haben* im Präteritum.**

1. ▲ Was ist los? Hast du ein Problem?
   ● Nein, ich bin sauer. Gestern war doch das Hip-Hop-Konzert.
   ▲ Ach ja! Warst du dort?
   ● Nein, ich war zu Hause, Physik üben!
   ▲ Oh, wie blöd!

2. ■ Was ist los? Hattest du einen Unfall?
   ◆ Ja, ich hatte Pech beim Klettern.
   ■ Oje! Gute Besserung.

b **Schreib die Verbformen von 9a in die Tabelle.**

	sein		haben	
	Präsens	*Präteritum*	*Präsens*	*Präteritum*
ich	bin	(!)	habe	
du	bist		hast	
er/es/sie	ist	(!)	hat	(!) hatte
wir	sind	waren	haben	hatten
ihr	seid	wart	habt	hattet
sie/Sie	sind	waren	haben	hatten

10 **Was ist richtig? Unterstreiche.**

Datum: 29.06.

Gestern war/wart Samstag und am Samstag ist immer Theatergruppe. Aber gestern hatten/hatte ich keine Zeit. Ich war/waren mit Opa in Hamburg, wir war/waren im Schiffsmuseum. Warst/Wart ihr auch schon dort? Da ist auch ein Modell von der Santa Maria von Christoph Kolumbus. Opa sagt, das Original-Schiff wart/war sehr groß, aber es war/warst auch sehr langsam. Kolumbus hatten/hatte viele Probleme mit dem Schiff.

11 **Ergänze die richtigen Formen von *sein* und *haben* im Präteritum.**

1. ● Na, wie war das Spiel?
   ◆ Schlecht. ☹ Ich .... echt Pech.
2. ◆ Gehst du schon?
   ▲ Ja, ich muss los. Ich .... heute noch nicht zu Hause.
3. ■ Ihr .... gestern nicht beim Training. .... ihr keine Zeit?
   ■ Doch, aber wir .... keine Lust.
4. ▲ .... ihr heute Sport?
   ◆ Nein, wir .... Kunst.
5. ▼ .... Tina und Leo auch in Köln?
   ◆ Nein, sie .... keine Zeit.
6. ● Wo .... du gestern? .... du Training?
   ▼ Nein, ich .... Theatergruppe.
7. ● Wie geht es Sarah?
   ◆ Nicht so gut. 😐 Sie .... gestern einen Unfall.
8. ■ .... ihr schon mal in Wien?
   ▼ Nein, in Wien .... wir noch nicht.

NACH AUFGABE 8

GRAMMATIK

12a **Lies die Sätze. Schreib dann Satz 2 in das Schema und ergänze die Regel.**

1. Nico liebt Fußball. Er möchte ein Kicker-Magazin.
2. Nico liebt Fußball, deshalb möchte er ein Kicker-Magazin.

	Position 1	Position 2		
Nico liebt Fußball,				

Deshalb steht auf Position ...., das Verb steht auf Position ....

b **Welche Sätze passen zusammen? Verbinde.**

1. Nico bastelt Modellschiffe.
2. Nico hatte einen Unfall.
3. Nico kommt aus Rostock.

a) Er liebt das Meer.
b) Er sucht einen Klub.
c) Sein Fuß tut weh.

c **Kombiniere die Satzpaare von 12b mit *deshalb*.**

1. ....
2. ....
3. ....

SCHREIBTRAINING

13a **Lies den Text und die Tipps.**

Ich habe einen Freund in Deutschland. Er heißt Martin. Er wohnt in Berlin. Martin sagt, Berlin ist sehr interessant. Er möchte mir die Stadt mal zeigen. Wir können dort ins Technik-Museum gehen. Wir können auch mal in den Kletterpark gehen. Ich möchte Berlin wirklich gern sehen. Das Flugticket kostet 250 €. Ich kann leider nicht fahren. So ein Pech!

Du kannst Sätze mit *und* verbinden (Lektion 2).

Wenn es einen Kontrast gibt, kannst du die Sätze mit *aber* verbinden. Vor *aber* steht ein Komma (Lektion 3).

Wenn du betonen möchtest, warum etwas so ist, kannst du die Sätze auch mit *deshalb* verbinden. Vor *deshalb* steht auch ein Komma.

Nico liebt Fußball. Er möchte ein Kicker-Magazin.

Nico liebt Fußball, deshalb möchte er ein Kicker-Magazin.

b **Verbinde die Sätze mit *und*, *aber* und *deshalb* und schreib den Text in dein Heft.**

Ich habe einen Freund in Deutschland.
Er heißt Martin und ...

AUSSPRACHE

14 **s-Laute: Hör zu und sprich nach.**

10

ss / ß	→	[s] essen	Wasser	Fuß	süß	hei|ße
s	→	[s] Hals	Tennis	Lust	Obst	des|halb
		[z] Salat	sammeln	sieben	Mu|sik	Gemü|se

[s] ssss

[z] zzzz

15 **[s] oder [z]? Hör zu, sprich nach und kreuze an.**

11

	[s]	[z]		[s]	[z]		[s]	[z]
1. ges|tern	○	○	6. uns	○	○	11. biss|chen	○	○
2. Kurs	○	○	7. sein	○	○	12. sa|gen	○	○
3. Suppe	○	○	8. etwas	○	○	13. Haus|frau	○	○
4. Reis	○	○	9. bis	○	○	14. bas|teln	○	○
5. Groß|vater	○	○	10. Cou|sine	○	○	15. singen	○	○

16 **Zungenbrecher: Hör zu und sprich nach.**

12

Sieben superdicke Sumoringer essen supersüßes Obst.

das Tor, -e	Nico macht ein ~.
der Unfall, ¨-e	Nico hatte einen ~ beim Training.

der Körper, -

Stell dir zu jedem neuen Wort ein Bild vor.

1. der Kopf, ¨-e	6. der Rücken, -
2. das Ohr, -en	7. der Bauch, ¨-e
3. der Zahn, ¨-e	8. die Hand, ¨-e
4. der Hals, ¨-e	9. das Bein, -e
5. der Arm, -e	10. der Fuß, ¨-e

Oh, wie blöd!	▼ Mein Hals tut weh! ■ ~
Oje!	
gleich	● Kommst du mal bitte? ◆ Ja, ~.
geben (! du gibst, er/es/sie gibt)	■ ~ du mir Geld? ● Hier, bitte.
mit|bringen	~ bitte Schokolade ~.
mir	ich → mir Gibst du mir Geld?
dir	du → dir Ich bringe dir Schokolade mit.
das Kicker-Magazin, -e	Kaufst du mir bitte ein ~?
zeigen	Nico möchte Laura sein Schiff ~.
das Pech (nur Sg.) ☹	Lern die Wörter immer in Gegensatzpaaren: *Pech* ↔ *Glück*
das Glück (nur Sg.) ☺	
Gute Besserung!	Dir geht es nicht gut? ~
gestern	Ich war ~ beim Training. Heute habe ich kein Training.
leider ☹	Ich hatte ~ einen Unfall.
weh|tun	Der Fuß ~ immer noch ~.
der Schmerz, -en	Ich hatte solche ~.

Halsschmerzen (nur Pl.)
Bauchschmerzen (nur Pl.)
Kopfschmerzen (nur Pl.)
Ohrenschmerzen (nur Pl.)
Rückenschmerzen (nur Pl.)
Zahnschmerzen (nur Pl.)

los sein	Was ~ denn ~?
der Test, -s	● Wie war der Deutsch-~? ◆ Er war gut.
die Fahrrad-Tour, -en	Die ~ war super!
der Kurs, -e	Ich mache gerade einen Surf~.
deshalb	Nico hatte einen Unfall beim Training, ~ tut sein Bein weh.

Treffpunkt: Spiegelstraße 12

12 LEKTION

NACH AUFGABE 4

1 **Passt das zu *Musik machen* oder zu *wohnen*? Ergänze mit Artikel.**

Band × Straße × Platz × Schlagzeug × Gitarre

Musik machen

....

....

....

wohnen

....

....

2 **Wo wohnen Paul, Tom und Jule? Ergänze.**

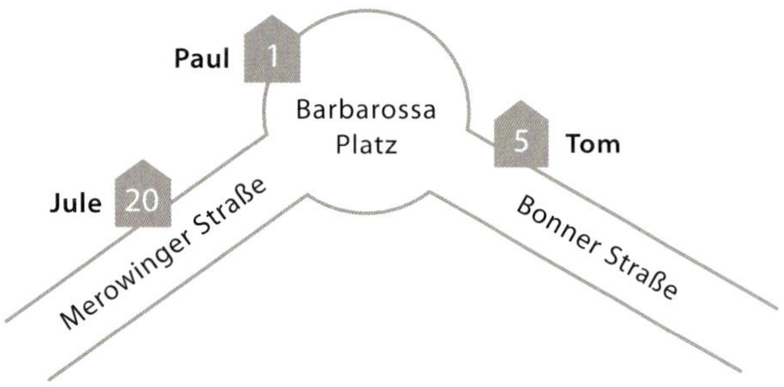

1. Paul wohnt ....
....
2. Tom ....
....
3. Jule ....
....

NACH AUFGABE 5

3 **Ergänze die Überschriften.**

Volleyball-Mannschaft

....	....	....	E-Mail-Adresse
Paul Wagner	Barbarossaplatz 1	83 78 097	p.wagner@t-online.de
Tom Seifert	Bonner Straße 5	83 79 564	Tos34@web.de

4 **Was fragt Romeo? Ergänze den Dialog.**

Wo wohnst du? × Gibst du mir deine Handynummer? × Wie heißt du?

▼ ....
◆ Julia. Und du?
▼ Romeo. ....
◆ In Verona. In der Via Cappello 23.
▼ ....
◆ Wie bitte? Was ist ein Handy?

NACH AUFGABE 6

5 **Ergänze.**

pünktlich × links × rechts × Bus × Straßenbahn

1. ◆ Entschuldigung, wo ist die Spiegelstraße? ● Da .... ➡.
2. Ich komme mit dem .... Nummer 30.
3. Das Training ist um fünf. Komm bitte ....!
4. ▼ Wer ist das? ■ Wo? ▼ Da, ... ⬅? ■ Das ist Lukas.
5. Schnell! Da kommt die ....

NACH AUFGABE 8

6 Ordne die Wörter.

meistens · oft · ~~immer~~ · manchmal

immer ....

7 Wie oft machst du das? Schreib deine Antwort.

1. Am Wochenende treffe ich .... meine Freunde.
2. Deutsch lerne ich .... am Nachmittag.
3. Ich komme .... pünktlich zur Schule.
4. Ich esse .... Popcorn oder Chips im Kino.

8 Finde noch acht Verkehrsmittel und schreib sie mit Artikel in dein Heft.

PVLWFLUGZEUGMNKLU-BAHNSTBBUSXLZTAUTOWBNMSCHIFFTG
ZUGRRBISTRAßENBAHNVKLURAUMSCHIFFDFTIFAHRRADRW

GRAMMATIK

9a Wer benutzt welches Verkehrsmittel? Ordne zu.

1. Lauras Mutter fährt immer mit der U-Bahn.
2. Laura fährt mit der Straßenbahn.
3. Lauras Vater fährt mit dem Auto.
4. Lauras Cousine Kati fährt mit dem Zug.
5. Lauras Freund Simon fährt mit dem Fahrrad.

1

b Unterstreiche in 9a die Verkehrsmittel. Ergänze dann die Tabelle.

Nominativ	Dativ
der Zug	Ich fahre ....
das Fahrrad	Ich fahre ....
die U-Bahn	Ich fahre mit der U-Bahn.

c Ergänze die Regel.

Präposition mit

Die Präposition *mit* steht immer mit ....

10 Wie fährt/geht/fliegt Nicki heute? Ergänze.

1. Nicki fliegt mit ....
2. ....
3. ....
4. ....

Nico

NACH AUFGABE 10

11 **Ergänze die Wörter mit Artikel.**

MARKT ✕ STEL ✕ BAHN ✕ HAL ✕ BUS- ✕ TE ✕ LE ✕ SCHU ✕ HOF ✕ LE ✕ PER ✕ SU

1. ....

2. ....

3. ....

4. ....

GRAMMATIK

12a **Lies die Dialoge und unterstreiche die Satzteile mit *zu*.**

1. ◆ Wie kommst du zur Bus-Haltestelle? ● Mit dem Fahrrad.
2. ■ Wie kommst du zum Marienplatz? ◆ Mit dem Bus.
3. ● Wie kommst du zum Training? ▼ Mit der Straßenbahn.

b **Ergänze die Regel.**

Wohin? zu + *Dativ*	.... (= zu dem) Marienplatz .... (= zu dem) Training .... (= zu der) Bus-Haltestelle

Wie heißt das in deiner Sprache?
Ich gehe zur Bus-Haltestelle.
Ich gehe zum Training.

13 **Wohin gehen/fahren die Personen?**

Bus-Haltestelle ✕ Supermarkt ✕ ~~Bahnhof~~ ✕ Schule ✕ Straßenbahn ✕ Training

1. *Sie fahren zum Bahnhof.*

2. ....

3. ....

4. *Sie* ....

5. ....

6. ....

NACH AUFGABE 11

14 **Was ist richtig? Unterstreiche.**

1. Wir warten/sehen hier schon zwei Stunden. Wo warst du denn?
2. Gibst du mir deine Telefonnummer? Ich möchte dich telefonieren/anrufen.
3. Kennst/Siehst du Violetta vom Fan-Klub? Sie ist Nicos Freundin.
4. Möchtest du auch den Film hören/sehen? Wir gehen morgen ins Kino.
5. Ich treffe/kenne Lukas um halb acht. Dann gehen wir zusammen zur Schule.

NACH AUFGABE 12

GRAMMATIK

15a **Unterstreiche in den Antworten das Personalpronomen im Akkusativ. Wer oder was ist damit gemeint? Zeichne einen Pfeil wie im Beispiel.**

1. ● Wo ist denn dein Freund?
   ▼ Ich weiß nicht. Ich suche ihn auch.
2. ◆ Ist das Buch hier gut?
   ■ Keine Ahnung. Wer kennt es schon?
3. ▲ Wie findest du die Musik?
   ● Ganz gut. Wie findest du sie?
4. ● Wer sind denn die Jungen dort?
   ■ Kennst du sie nicht? Das sind Simon und Lukas.

b **Ergänze die Tabelle und schreib die Sätze mit Personalpronomen im Akkusativ von 15a in das Schema.**

Personalpronomen			
Nominativ		*Akkusativ*	
der Freund	er	den Freund	ihn
das Buch	es	das Buch	
die Musik	sie	die Musik	
die Jungen	sie	die Jungen	

Aussagesatz	Ich			
W-Frage	Wer			
Ja/Nein-Frage				

16 **Ergänze die Personalpronomen im Akkusativ.**

1. ■ Isabella ist so toll! Ich finde sie so süß. ● Oje!
2. ◆ Mama, kann ich dein Fahrrad haben? ▼ Na gut. Aber um sechs brauche ich ....
3. ▲ Lisa, hast du mein Handy? ▲ Nein, tut mir leid. Ich habe .... nicht.
4. ● Triffst du heute Abend deinen Bruder? ▲ Nein, ich treffe .... nicht. Er geht ins Kino.
5. ▼ Da sind die Fußballspieler von Borussia Dortmund. ■ Oh. Komm, wir fotografieren .... schnell.
6. ◆ Ruf doch mal Onkel Rudolf an! ● Ich kann .... jetzt nicht anrufen. Ich habe keine Zeit.

17 Schreib die Antworten richtig.

1. ▼ Wo ist mein T-Shirt? ■ (nicht – ich – es – habe – Keine Ahnung)

   ………………, ……………………………………………….

2. ● Wer sind denn Felix und Emma? ◆ (sie – du – nicht – Kennst)

   ……………………………………………………………?

3. ◆ Sag mal, wie findest du Herrn Weber? ▼ (Paul – aber – nicht – ihn – mag – Toll)

   ………………, *aber* ………………………………………….

4. ▲ Lena, kannst du mir mal deine Gitarre geben? ● (nicht – brauche – ich – Klar – sie)

   ………………, ……………………………………………….

SCHREIBTRAINING

18a Lies die Texte und den Tipp.

Registriert seit: 29.06. 	Mein Star ist Adele. Kennst du Adele? Adele ist Sängerin und kommt aus England. Ich finde Adele super. Adele singt so schön. Einmal möchte ich Adele im Konzert sehen. Vielleicht kommt Adele ja mal nach Österreich.
Registriert seit: 01.01. 	Mein Star ist Lionel Messi. Kennst du Messi? Messi ist Fußballspieler und kommt aus Argentinien. Aber Messi wohnt in Barcelona. Messi spielt auch beim FC Barcelona. Ich finde Messi toll. Einmal möchte ich Messi treffen. Vielleicht gibt Messi mir dann ein Autogramm.

Du weißt schon: Viele Wiederholungen sind nicht elegant. Du kannst Namen durch Personalpronomen ersetzen. Achte auf Nominativ, Dativ und Akkusativ.

Mein Star ist Lionel Messi. Kennst du Messi? Messi ist Fußballspieler …
Mein Star ist Lionel Messi. Kennst du ihn? Er ist Fußballspieler …

b Schreib nun einen der beiden Texte besser und verwende Personalpronomen.

……………………………………………………………

……………………………………………………………

……………………………………………………………

……………………………………………………………

……………………………………………………………

c Schreib einen Text über „deinen“ Star.

……………………………………………………………

……………………………………………………………

……………………………………………………………

……………………………………………………………

……………………………………………………………

NACH AUFGABE 14

GRAMMATIK

19a **Was passt? Unterstreiche die Personalpronomen im Akkusativ und ergänze.**

Ihr seid doch Tom und Nico! Ich kenne euch. × Du kennst mich? × Du bist Nico? Ich kenne dich. × Was? Du kennst uns?

b **Ergänze die Tabelle.**

Personalpronomen								
Nominativ	ich	du	er	es	sie	wir	ihr	sie/Sie
Akkusativ			ihn	es	sie		euch	sie/Sie

20 **Ergänze die Personalpronomen im Akkusativ.**

◆ Boris, rufst du mich heute Nachmittag an?
● Ja, ich rufe ………… an.
◆ Boris, findest du ………… nett? ● Ja, ich finde ………… nett.
◆ Boris, magst du …………? ● Ja, aber du nervst …………, Tina.

■ Papa, bringst du ………… zum Training?
▼ Ja, ich bringe ………… um fünf zum Training.
■ Papa, fotografierst du ………… ?
▼ Ja, ich fotografiere ………….

AUSSPRACHE

21 **Wortakzent bei zusammengesetzten Nomen: Hör zu, klopf mit und sprich nach.**

13

1. Brötchen ●• – Fischbrötchen ●••
2. Nummer ●• – Handynummer ●•••
3. Bahn ● – Straßenbahn ●••
4. Haltestelle ●••• – Bus-Haltestelle ●••••
5. Platz ● – Sportplatz ●•
6. Straße ●• – Spiegelstraße ●•••
7. Geld ● – Taschengeld ●••
8. Farbe ●• – Lieblingsfarbe ●•••
9. Training ●• – Fußballtraining ●•••
10. Schmerzen ●• – Bauchschmerzen ●••

12 Lernwortschatz

Das sind deine Wörter!

die Band, -s		Nico sucht eine ~.
an|rufen		Nico ~ Hanna ~.
die Handynummer, -n		Gibst du mir deine ~?
die Telefonnummer, -n		Ich brauche auch deine ~.
die Adresse, -n		Wo wohnst du? Wie ist deine ~?
kennen		Nico ~ die Spiegelstraße nicht.

Die Verkehrsmittel

der Bus, -se

die Straßenbahn, -en

der Zug, ⸚e

das Auto, -s

die U-Bahn, -en

zu Fuß		
(die) Nummer, -n		Nico fährt mit dem Bus ~ 57.
oder		Du fährst mit dem Bus ~ mit der Straßenbahn.
der Platz, ⸚e		Nico fährt zum Marien~.
die Straße, -n		Ich wohne in der Severin~.
warten		Ich ~ auf dich.
dort		↔ hier
pünktlich		Komm bitte ~ um sechs.
➡ rechts		
⬅ links		
meistens		manchmal ⟶ oft ⟶ meistens ⟶ immer

Orte in der Stadt

die Schule, -n

die Bus-Haltestelle, -n

der Supermarkt, ⸚e

der Bahnhof, ⸚e

dran sein		Ich ~.
zu (zum/zum/zur)		Nicos Vater geht ~ Supermarkt.
sehen (! du siehst, er/es/sie sieht)		Hanna ~ Nico nicht.
schon		Sie kennt ihn ~, er kennt sie auch.
nett		Er findet sie süß, sie findet ihn ~.
mich		
dich		
uns		
euch		

zu + dem = zum
zu + der = zur

ich ⟶ Magst du mich?
du ⟶ Ich mag dich.
wir ⟶ Kennst du uns?
euch ⟶ Wir kennen euch.

Lesen

1a **Schau die Texte und die Bilder an. Was ist das? Kreuze an.**

ⓐ ein Blog ⓑ ein Chat ⓒ eine Webseite für Schüler

LaLaLu – Informationen ++ Wissen ++ Kontakte ++ Spaß

Startseite | Wissen | Nachrichten | Spiele | Hobbys | Freizeit | Community

236 Besucher online

Moon (15)
Jacky (14)
Beauty (15)
Tunix (16)
Melly (14)

Ⓐ Allein am Computer oder immer vorm Fernseher? Nein danke! Schwimmen, Fahrrad fahren, Fußball spielen, Skateboard fahren, das kannst du mit Freunden machen. Ihr könnt zusammen trainieren und viel zusammen lachen! Was ist dein Lieblingssport? Was findest du cool? Schreib über dich und schick ein Foto.

Ⓑ Der Musiklehrer Max Koop vom Max-Planck-Gymnasium macht mit Schülern der Klassen 8 bis 10 ein Band-Projekt. Die Band „Saturn" gewinnt mit ihrem Hip-Hop-Song „Natur pur" den Musik-Wettbewerb „Schüler für die Umwelt" in Köln. Hier kannst du den Song hören. Du hast Fragen an die Band? Dann schreib an saturn-max-planck@web.de

Ⓒ Schreibst du gern und kannst du gut fotografieren? Machst du gern Interviews? Jetzt kannst du Reporter für LaLaLu werden. Hier lernst du, wie es geht! Möchtest du mitmachen? Dann schreib eine E-Mail an jugendreporter@lalalu.com

b **Lies die Texte A–C. Welche Überschriften passen? Ordne zu.
Achtung: Drei Überschriften passen nicht.**

1. Lieblingssport: Computerspiele (–)
2. Wer möchte Jugend-Reporter werden? ◯
3. Schüler schreiben Hip-Hop-Song ◯
4. Umweltprojekt am Max-Planck ◯
5. Foto-Wettbewerb ◯
6. Sport macht Spaß! ◯

> Lies die Texte schnell. Du kennst jetzt das Thema. Dann lies noch einmal und markiere drei wichtige Wörter in jedem Text. Finde dann die passende Überschrift.

c **Findest du die Texte interessant? Markiere ☺, 😐 oder ☹.**

d **Welcher Text oben passt zu den Personen? Ergänze A, B oder C. Achtung: Eine Person passt nicht.**

1. *Lissy:* ◯ Lissy (14) ist gut in Deutsch und möchte Journalistin werden. Sie arbeitet für die Schülerzeitung „Freizeichen".
2. *Tom:* ◯ Tom (15) und seine Freunde Felix, Sandra und Max machen Musik. Sie spielen Pop und möchten gern selbst ein Lied schreiben. Aber sie brauchen Hilfe.
3. *Juan:* ◯ Juan (16) ist Computerfreak. Er bastelt den ganzen Tag am Computer und schreibt Computerspiele. Er sucht Freunde für seinen Computer-Klub.
4. *Siri:* ◯ Siris Hobby ist Surfen. Ihre Eltern haben eine Windsurfingschule. Siri (14) hatte schon mit fünf Jahren ein Surfbrett und war immer mit ihren Freunden im Wasser.

Training: Hören, Schreiben

Hören

> Achte auch auf die Stimmen und Geräusche!

2a **Du hörst zwei Dialoge. Wer spricht und wo sind die Personen? Hör zuerst Dialog 1 und kreuze an. Hör dann Dialog 2 und kreuze an.**

14-15

1. *Wer spricht?*	Dialog 1	Dialog 2
zwei Jungen	○	○
ein Junge und ein Mädchen	○	○
zwei Mädchen	○	○
zwei Mädchen und ein Junge	○	○

2. *Wo sind sie?*	Dialog 1	Dialog 2
im Supermarkt	○	○
in der Schule	○	○
im Schwimmbad	○	○
im Park	○	○

b **Hör die Dialoge noch einmal und ordne zu.**

14-15

Dialog 1

1. Florian und Julian — a) macht einen Wettbewerb.
2. Der Klub MSK Hannover — b) möchte gern mitmachen.
3. Jeder Schüler — c) basteln Modellflugzeuge.
4. Julian — d) kann sein Modell fotografieren und das Foto an den Klub schicken.

Dialog 2

1. Finn — a) lernen sie Mangas zeichnen.
2. Der Kunstlehrer — b) möchte mit Finn einen Zeichenkurs machen.
3. Maja — c) ist blöd.
4. Im Zeichenkurs — d) findet den Kunstunterricht langweilig.

Schreiben

3a **Lies die E-Mail und ergänze die Informationen.**

Hallo!

Ich heiße Melly, bin 14 und komme aus Lübeck. Auf dem Foto siehst du mein Hobby: Skateboard fahren! Meine Mutter sagt, das ist ein Sport für Jungen, aber ich finde, wir Mädchen können auch super fahren. Mein Star ist Alex Mizurow. Er ist Skateboarder und die Nummer 1 in Deutschland. Total cool! Deshalb trainiere ich oft. Vielleicht bin ich auch mal die Nummer 1?! Ich gehe auch gern ins Kino. Und du? Ich habe viele Fragen: Wer bist du und was machst du gern? Machst du Sport? Wer ist dein Star? Bitte schreib mir!

Tschüss! Melly

1. Melly wohnt in ....
2. Ihr Lieblingssport ist ....
3. Sie hat einen Star: ....

> Markiere die Fragen im Text und schreib zu jeder Frage einen oder zwei Sätze. Verbinde dann die Sätze mit *und, aber, deshalb*.

b **Schreib eine E-Mail in dein Heft und antworte.**

Mach die Übungen. Schau dann auf S. 89 und kontrolliere.
Kreuze an: ☺ *Das kann ich gut!* / 😐 *Das geht so.* / ☹ *Das muss ich noch üben.*

1 **Was machst du gern? Schreib eine Antwort.**

....

Ich kann über meine Hobbys sprechen. ☺ 😐 ☹

2 **Ein Freund hat keine Hobbys. Gib ihm Tipps. Verwende auch *doch* und *mal*.**

Kino: einen Film schauen — Geh doch mal ins Kino und schau einen Film.
Park: Fußball spielen ....
Bibliothek: Bücher lesen ....
Café: Freunde treffen ....

Ich kann jemandem Tipps geben. ☺ 😐 ☹

3a **Du hast Schmerzen. Eine Freundin fragt: Wie geht es dir? Was antwortest du?**

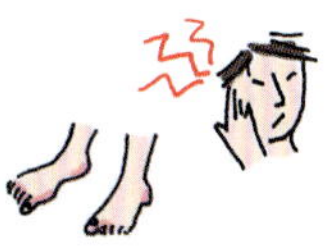

1. Nicht .... Ich ....
2. Meine ....

Ich kann sagen, was mir wehtut und wo ich Schmerzen habe. ☺ 😐 ☹

b **Was sagt deine Freundin dann?** ....

Ich kann jemandem gute Besserung wünschen. ☺ 😐 ☹

4 **Du sprichst mit einem Freund. Was sagst du?**

Du möchtest seine DVD haben: Gibst du mir bitte ....?
Dein Freund geht einkaufen. Du möchtest Cola trinken: ....
....?

Ich kann jemanden auffordern, etwas zu tun. ☺ 😐 ☹

5 **Ein Junge ist neu in deiner Klasse. Frag nach seiner Adresse, Telefon- oder Handynummer.**

....

Ich kann nach Adresse und Telefonnummer fragen. ☺ 😐 ☹

6 **Wie kommst du ...? Berichte.**

zur Schule? ....
zum Training? ....

Ich kann sagen, welche Verkehrsmittel ich nehme. ☺ 😐 ☹

7 **Du findest ein Mädchen / einen Jungen toll. Mach ihr/ihm ein Kompliment!**

....

Ich kann Komplimente machen. ☺ 😐 ☹

Kati kommt nächsten Freitag.

13 LEKTION

NACH AUFGABE 1

1 **Was passt? Ergänze.**

Geburtstag ✕ fliegt ✕ Monat ✕ ~~Ferien~~ ✕ kommt ✕ Woche

1. ● Wie lange habt ihr *Ferien*? ◆ Eine ....
2. ● Sarah hat am Samstag .... Was kann ich ihr kaufen?
3. ▼ Meine Mutter möchte gern New York sehen. Aber sie .... nicht gern.
4. ■ .... ihr? Wir müssen jetzt los!
5. Paul hatte einen Unfall. Jetzt kann er einen .... nicht trainieren.

NACH AUFGABE 2

GRAMMATIK

2a **Wer geht zu wem? Ergänze die Namen.**

1. *Lena* .... geht zu Melanie.
2. .... fliegt zu seinem Onkel.
3. .... geht zu seinen Freunden.
4. .... fährt zu ihrer Oma.

b **Unterstreiche in 2a die Satzteile mit *zu* wie im Beispiel und ergänze die Regel.**

	zu + *Person*		
Zu wem? zu + *Dativ*	zu sein..........	Onkel	! zu *Melanie*
	zu ihr..........	Oma	
	zu sein..........	Freunde..........	

3 **Was ist richtig? Unterstreiche.**

1. Laura fliegt zu ihrem/ihrer Bruder. Er ist in Australien.
2. Marco fährt zu seinen/seine Großeltern. Sein Opa hat Geburtstag.
3. Lina geht zu ihrer/ihrem Freundin. Sie möchten zusammen einen Kuchen machen.
4. Ich gehe zu meine/meinen Freunden. Wir möchten Monopoly spielen.
5. Was machst du in den Ferien? Fährst du zu deiner/deinem Cousin?
6. Paul geht zu seine/seiner Tante. Sie macht heute eine Pizza.
7. Frau Richter fährt zu ihren/ihre Geschwistern. Sie wohnen in Leipzig.

NACH AUFGABE 3

4 Was passt? Ergänze die Sätze.

viel Spaß × ~~bist du da~~ × wie geht's × Schluss machen × ist ja klasse × toll

Verwendest du diese Wörter auch im Chat?
CU (= engl. *see you*)
LOL (= engl. *laugh out loud*)

Hi, Tina, bist du da (1)?

Ja hallo, Bea! .... (2)?

Super! Und dir?

Na ja, es geht. Ich lerne gerade Vokabeln ...

Oje! Du, gehst du am Samstag auch zu Paula? Sie hat doch Geburtstag.

Ja, ich gehe auch! ☺

Das .... (3)! Und was bringen wir ihr mit?

Vielleicht ein Poster von Lady Gaga? Sie findet Lady Gaga .... (4).

Ja, das machen wir!

Du, ich muss jetzt .... (5). Ich habe gleich Theatergruppe.

Na dann .... (6)!

Danke! ☺ Und bis bald. CU

GRAMMATIK

5a Was passt? Verbinde die Sätze. Unterstreiche dann die Ortsangaben wie im Beispiel.

1. Ben möchte nach Granada.
2. Luca möchte nach Zürich.
3. Ria möchte nach Istanbul.
4. Marie möchte nach New York.

a) Er fährt in die Schweiz.
b) Sie fliegt in die USA.
c) Er fährt nach Spanien.
d) Sie fliegt in die Türkei.

b Ergänze die Regel.

Präposition nach

Wohin?		
Länder und Städtenamen ohne Artikel:	Spanien, Österreich, ...	→ nach Spanien, ... Österreich, ...
	Granada, Istanbul, ...	→ nach Granada, ... Istanbul, ...
! *Ländernamen mit Artikel + in:*	die Schweiz, die Türkei, ...	→ .... Schweiz, ... Türkei, ...
	die USA, ...	→ .... USA, ...

6 Was passt? Kreuze an.

nach	in die	zu	zu meinem	zu meiner	zu meinen	
			x			Cousin
						Paris
						Felix
						Schwester
						Eltern
						Südafrika
						Musiklehrer
						USA
						Anna und Laura

7 Ergänze *nach*, *in die*, *zu*, *zu meinem*, *zu meiner* oder *zu meinen*.

- Ich fahre am Wochenende nach Hamburg, ... (1) Bruder. Und was macht ihr?
- Ich gehe .... (2) Großeltern.
- Ich fahre .... (3) Freund Ben.
- Ich gehe .... (4) Kati und Laura.
- Ich habe Montag und Dienstag frei. Ich fliege .... (5) England, ... (6) Cousine.
- Ich fahre .... (7) Schweiz. Wir gehen klettern.
- Ich gehe .... (8) Freundinnen.
- Ich schlafe!

GRAMMATIK

8a Lies und unterstreiche die Zeitangaben wie im Beispiel.

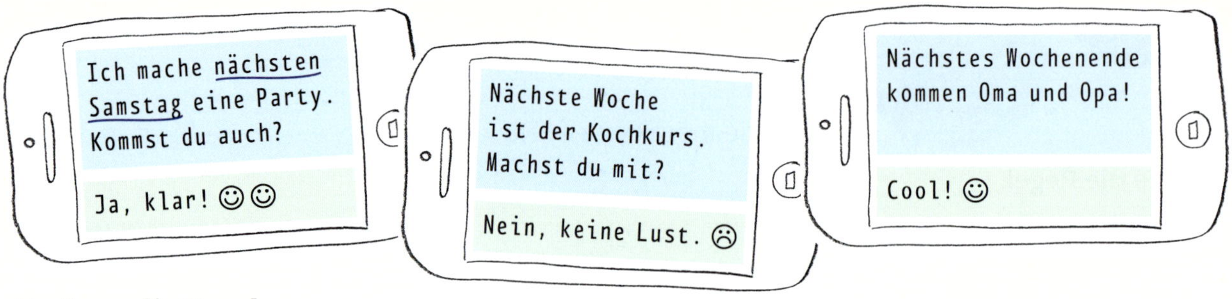

b Ergänze die Regel.

Wann?

nächsten .... Samstag/Monat/Sommer
.... Wochenende/Jahr
.... Woche

9 Ergänze die Endungen.

1. ■ Gehen wir nächst*en*...... Sonntag klettern? ◆ Ja, super!
2. ● Nächst.......... Wochenende fahren wir nach Heidelberg. ▲ Dann viel Spaß!
3. ▼ Habt ihr nächst.......... Woche schon Ferien? ◆ Ja, und ihr?
4. ◆ Nächst.......... Sommer mache ich einen Surfkurs. ■ Toll!
5. ● Ich möchte nächst.......... Jahr in einer Band spielen. ▼ Das finde ich klasse!
6. ■ Nächst.......... Monat habe ich Geburtstag. ◆ Machst du dann eine Party?

NACH AUFGABE 4

10 Wie heißen die Verben? Lös das Rätsel.

5.

1. | *a* | *b* | *f* | *a* | *h* | *r* | *e* | *n* |

2. ☐☐☐☐☐☐☐

3. ☐☐☐☐☐☐☐☐☐

4. ☐☐☐☐☐☐☐

11 Schreib die Sätze richtig.

1. ◆ *Wann fährt der Zug nach Innsbruck ab*? (nach Innsbruck – wann – abfahren – der Zug)
   ● Um vierzehn Uhr.
2. ■ Fliegt ihr direkt nach Zürich?
   ● Nein. .... (umsteigen – in München – wir)
3. ▲ ....? (du – ankommen – wann – in Köln)
   ● Ich bin um halb zwölf da.
4. ■ ....? (mich – du – abholen – können)
   ● Ja, ... (abholen – dich – ich)
5. ◆ ....? (Tom – anrufen – du)
   ● Ja, ... (anrufen – ihn – ich – können)

NACH AUFGABE 6

12a Finde noch sieben Wörter zum Thema *Reisen*.

VRIND(REISE)AKLOMMGABBAHNHOFDEBXRZUGWFAHRKARTEIPRGLEISZG

ANNVABFAHRENHKNIUMSTEIGENJRAUXSCHANKOMMENBLMIEN

b **Was passt? Ergänze drei Wörter aus 12a.**

1. ▲ Wo fährt der Zug ab? ● Auf .... zwei.
2. ▲ Hast du deine ....? ● Ja, hier ist sie.
3. ▲ Na, dann gute ....! ● Vielen Dank.

13 **Schau die Bilder an und lies. Was passt zusammen? Ordne zu.**

A

B

C

D

1. C
Am Mittwoch um acht Uhr dreißig.

2. ◯
Asterix? Um fünfzehn Uhr fünfzig und um achtzehn Uhr zehn.

3. ◯
Es ist sechs Uhr fünfundvierzig.

4. ◯
Guten Abend.
Es ist zwanzig Uhr fünfzehn.

14 **Was passt? Ergänze die Fragen. Zeichne dann die Zeiger in die Uhren.**

Entschuldigung, wie spät ist es jetzt? ✖ Wann kommt der Zug aus Graz an? ✖ Entschuldigung, wann fährt der Bus zum Bahnhof ab?

1. ● ....
◆ Der Intercity? Um siebzehn Uhr zweiundfünfzig. ● Vielen Dank.

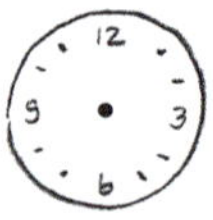

2. ▲ ....
● Es ist genau zehn Uhr zwei. ▲ Danke.

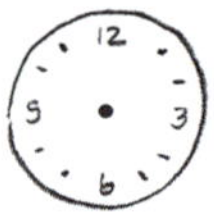

3. ■ ....
◆ Der Bus zum Bahnhof? Um elf Uhr fünfundzwanzig. ■ Danke.

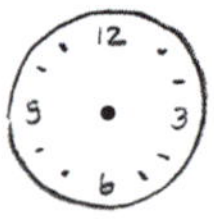

NACH AUFGABE 7

15 **Ergänze.**

lebt ✖ geradeaus ✖ ~~viel~~ ✖ wichtig ✖ leicht ✖ wenig ✖ arbeiten ✖ schwer

1. ● Du musst viel Obst und Gemüse essen. Das ist ....
2. ■ .... Shakira in Kolumbien? ▼ Nein, ich glaube nicht.
3. Armin möchte gern Cello lernen. Aber Cello spielen ist nicht ....
4. ◆ Wo ist denn der Bahnhof? ● Sie müssen hier .... gehen. Es ist nicht weit.
5. ▲ Wie schreibt man „Juni“? ■ J-u-n-i. Das ist doch nicht ....
6. Frau Gessner ist Ärztin von Beruf. Sie muss oft am Wochenende ....
7. Eva kocht gern und sie macht gern Reisen. Aber sie hat .... Zeit für ihre Hobbys.

NACH AUFGABE 9

GRAMMATIK

16a **Was passt zusammen? Ordne zu. Unterstreiche dann *Ihr*, *Ihre*.**

1. (D) ● Entschuldigung, ist das Ihr Buch? ◆ Oh ja! Entschuldigung!
2. ( ) ■ Guten Tag, Ihre Fahrkarten, bitte!
3. ( ) ▲ Ihr Zug fährt heute auf Gleis 19b ab. ● Vielen Dank.
4. ( ) ◆ Entschuldigung, kann ich Ihre Zeitung haben? ▼ Ja, gern.

b **Schreib die Possessivartikel aus 16a in die Tabelle.**

Possessivartikel	
Sie	
....	Zug
Ihr	Buch
....	Zeitung
....	Fahrkarten

17 **Was ist richtig? Unterstreiche.**

1. ● Da kommt Ihr/Ihre Bus, Herr Kraus. ▼ Endlich!
2. ◆ Sind das deine/Ihre Freunde, Simon? ● Ja, sie heißen Tom und Tina.
3. ■ Hier ist dein/Ihr Tee, Oma. ◆ Danke dir.
4. ▲ Was sind Ihre/Ihr Lieblingsfarben, Frau Werner? ■ Weiß und blau.

AUSSPRACHE

18 **Konsonant r: Hör zu und sprich nach.**

6–17

r (wie a)	→	Uhr	Computer	Schwester	dir	klar
	→	Par|ty	ner|ven	Schmer|zen	fer|tig	ar|beiten
	→	Arzt	Sport	fernsehen	Durst	gern
r (wie r)	→	Reise	rechts	rot	richtig	Rücken
	→	Fe|rien	Eu|ro	wa|rum	fah|ren	auf|räumen
	→	Straße	drei	April	sprechen	grau

19 **Was hörst du? Kreuze an.**

18

	r (wie a)	r (wie r)		r (wie a)	r (wie r)		r (wie a)	r (wie r)
1. Ohr	○	○	5. grün	○	○	9. Schüler	○	○
2. Ohren	○	○	6. der	○	○	10. Schülerin	○	○
3. rechts	○	○	7. Geburtstag	○	○	11. Jahr	○	○
4. ihr	○	○	8. schreiben	○	○	12. Jahren	○	○

20 **Hör zu und sprich nach.**

19

Party-Ferien
Im Frühling von Februar bis April und im Herbst von September bis Oktober reisen vierunddreißig fröhliche Freundinnen und Freunde ohne Fahrkarten mit graugrünen Rucksäcken auf dem Rücken durch Griechenland.

13 Lernwortschatz

(die) Ferien (nur Pl.)	Laura hat noch Schule. Kati hat schon ~.
da sein	◆ Hallo, Kati! ~ ?
die Woche, -n	Laura hat noch eine ~ Schule.
kommen	Kati ~ in den Ferien.
nach	Kati kommt ~ München.
nächsten/nächstes/nächste	● Kommt sie am Freitag? ■ Nein, ~ Woche.
der Monat, -e	
klasse	
fliegen	
der Schluss (nur Sg.)	Ich muss leider ~ machen. Ich muss jetzt gehen.
der Geburtstag, -e	
die Party, -s	
(der) Spaß, ¨-e	Viel ~!
dann	Okay, ~ viel Spaß!
wem	◆ Zu ~ fährt Kati? ● Sie fährt zu Laura.
danke	▼ Viel Spaß! ◆ ~.
das Jahr, -e	Ich fahre nächstes ~ nach Berlin.
die USA (nur Pl.)	
die Reise, -n	Gute ~!
die Fahrkarte, -n	Kati hat schon eine ~ für den Zug.
ab|fahren (! du fährst ab, er/es/sie fährt ab)	
an|kommen	
ab|holen	
um|steigen	
der Straßenkünstler, - / die Straßenkünstlerin, -nen	
die Statue, -n	
(der) Fan, -s	Ich bin ~ von Lady Gaga.
arbeiten	Sie ~ in einer Bäckerei.
geradeaus	rechts ➡ – links ⬅ – geradeaus ⬆
schwer	
leicht	↔ schwer
die Uhr, -en	
die Tasche, -n	
genau	◆ Sie sind Straßenkünstlerin, was machen Sie ~? ● Ich bin eine lebende Statue.

Erinnerst du dich: *Montag, Dienstag, Mittwoch, …* sind die Wochentage.

Erinnerst du dich: *Januar, Februar, März, April, …* sind die Monate.

Lern Wörter mit ähnlicher Bedeutung immer zusammen. *klasse ≙ toll, super*

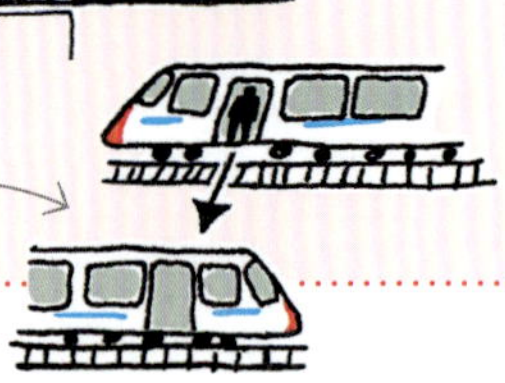

(!) Achtung! Es gibt zwei Bedeutungen:
1. Uhrzeit
2. Gegenstand

(!) Achtung! Es gibt zwei Bedeutungen:
☹ *Mathe ist so schwer.* *Die Tasche ist so schwer.*
☺ *Mathe ist so leicht.* *Die Tasche ist so leicht.*

Das T-Shirt gefällt mir!

14 LEKTION

NACH AUFGABE 1

1 **Schau die Bilder an. Was passt? Schreib die Wörter richtig mit Artikel.**

overpull · heschu · seblu · ~~snaej~~ · kcor · dmeh · ~~seho~~ · nibiki · eidkl

A 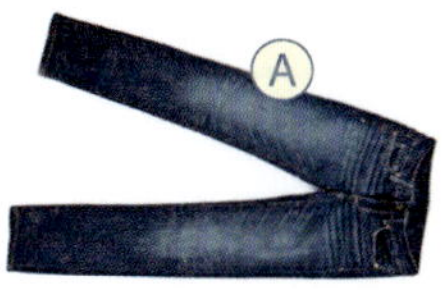

die Jeans / die Hose

B 

....

C 

....

D 

....

E 

....

F 

....

G 

....

H 

....

NACH AUFGABE 3

GRAMMATIK

2a **Ergänze *gefallen* in der richtigen Form.**

1. Die Jacke gefällt mir echt gut.

2. Wie .... dir das T-Shirt?

3. .... dir die Schuhe?

4. Die Blusen .... mir.

b **Schreib die Sätze aus 2a in das Schema.**

Aussagesatz				echt gut
			mir	
W-Frage				
Ja/Nein-Frage	Gefallen	dir		

Du kennst schon die Personalpronomen im Dativ *mir*, *dir* aus Lektion 11.

3 **Ergänze *mir* oder *dir* und verbinde dann die Sätze.**

1. ● Der Rock gefällt mir.
2. ▲ Wie gefallen .... meine Schuhe?
3. ◆ Horrorfilme gefallen .... nicht.
4. ■ Wie gefällt .... das Buch?
5. ▲ Gefällt .... Wien?

a ▲ Es gefällt .... ganz gut.
b ◆ Echt nicht? Ich finde sie toll.
c ● Hm, ich finde ihn nicht so besonders.
d ▲ Ja, Wien ist echt super.
e ● Ich finde, sie sehen toll aus!

4 Schreib die Sätze richtig.

1. Die T-Shirts gefallen mir nicht. (gefallen — nicht — mir — Die T-Shirts)
2. ______. (mir — Das Geschenk — gut — gefällt)
3. ______? (die Poster — dir — gefallen — Wie)
4. ______? (dir — die Statue — Gefällt)
5. ______. (nicht — gefällt — mir — Das Hemd)

GRAMMATIK

5 Schreib die Sätze in das Schema.

▲ Der Pullover gefällt mir.
◆ Mir gefällt der Pullover auch. ☺

▲ Hip-Hop gefällt meinen Eltern.
◆ Meinen Eltern gefällt Hip-Hop nicht. ☹

Position 1	Position 2		
Der Pullover	gefällt	mir.	
Mir			auch.
Hip-Hop	gefällt	meinen Eltern.	

6a Ergänze die fehlenden Dialogteile. Beginne mit dem unterstrichenen Satzteil.

1. ■ Tennis gefällt meinem Opa.
   ● ☺ Meinem Opa gefällt Tennis auch.
2. ■ Asterix-Comics gefallen meiner Schwester.
   ● ☹ ______
3. ■ Breakdance gefällt meinen Freunden.
   ● ☹ ______
4. ■ James-Bond-Filme gefallen meinem Bruder.
   ● ☺ ______

b Ergänze die Tabelle und die Regel.

Verb gefallen	+ Dativ
Der Film gefällt	meinem Opa. ______ Schwester. ______ Freund______.

Verb gefallen

Das Verb *gefallen* steht mit ______.

7 Ergänze die Dativ-Endungen.

1. ◆ Glaubst du, die CD gefällt mein em Vater? ● Ja klar!
2. ■ Gefällt dein______ Schwester die neue Schule? ▲ Nein, nicht so besonders.
3. ● Hier bitte, gib dein______ Eltern meine E-Mail-Adresse. ◆ Ja, vielen Dank.
4. ◆ Kaufst du dein______ Bruder auch ein Eis? ● Okay, Mama.
5. ▲ Papa, bringst du mein______ Freunde______ eine Cola mit? ■ Ja, das mache ich.

SCHREIBTRAINING

8a **Lies den Text. Unterstreiche dann die Dativ-Ergänzungen wie im Beispiel.**

23.03.
12:12
allesokay
member

Hallo, ich suche einen Namen für meine Band.
Der Name „Fan-Klub" gefällt mir. Aber er gefällt meiner Band nicht. Er gefällt meinen Freunden auch nicht.
Wie findet ihr den Namen?

b **Lies den Tipp.**

So kannst du die Dative betonen:

Der Name „Fan-Klub" gefällt mir.

Mir gefällt der Name „Fan-Klub".

c **Schreib den Text von 8a besser.**

Ich suche einen Namen für meine Band. Mir gefällt der Name „Fan-Klub". Aber ……

GRAMMATIK

NACH AUFGABE 4

9a **Ergänze.**

- Oh, hast du Geschenke gekauft?
- Ja, ich habe eine Bluse für meine Schwester, Fotos für meine …… und eine CD für meine ……. Und ich habe einen Kuli für meinen ……. Aber ich habe noch nichts für meinen …….

b **Unterstreiche in 9a die Satzteile mit *für* wie im Beispiel. Ergänze dann die Tabelle und die Regel.**

Nominativ	*Akkusativ*
mein Opa	Das Geschenk ist …….
meine Schwester	Das Geschenk ist für meine Schwester.
meine Eltern	Das Geschenk ist …….

Präposition für:

Die Präposition *für* steht immer mit ……

10a **Ergänze die Akkusativ-Endungen.**

1. Lina sucht ein Geschenk für ihr…… Oma. Sie hat nächste Woche Geburtstag.
2. Jan bastelt ein Modell-Flugzeug für sein…… Vater. Es sieht toll aus.
3. ◆ Der Kugelschreiber ist schön, nicht? ● Er ist für mein…… Opa.
4. Nico macht Musik für sein…… Freunde. Er spielt super Gitarre.

b **Ergänze die Personalpronomen.**

1. ■ Ich habe eine Überraschung für *dich*. ▲ Eine Überraschung? Für ....?
2. ▲ Morgen kommen meine Großeltern. Ich mache einen Kuchen für ....
3. ◆ Spielt Marco noch Theater? Wir haben eine Rolle für ....
4. ● Ist der Ananassaft für Claudia? ■ Ja, der Saft ist für ....

Du kennst schon die Personalpronomen im Akkusativ aus Lektion 12.

NACH KB AUFGABE 5

11 **Was ist richtig? Unterstreiche.**

1. ▼ Ich muss noch Gitarre üben. Nächste Woche haben wir ein Konzert/Kiosk.
2. ◆ Ich brauche Kletterschuhe. Am Wochenende ist doch das Flohmarkt/Sportfest.
3. ● Hast du heute auch Volleyball? ■ Nein, ich habe heute meinen Park/Tanzkurs.

GRAMMATIK

12a **Lies den Text und unterstreiche die Akkusativ-Ergänzungen wie im Beispiel.**

FORUM: SCHUL-LEBEN

Hallo Leute!
Das ist meine Schule. Hier gibt es einen Kletterpark, ein Schüler-Café, eine Theatergruppe und super Lehrer. ☺
Aber es gibt keinen Schulbus, kein Volleyball-Team, keine Schülerzeitung und keine Projekttage. ☹

» Neuhaus-Schule, Dresden

b **Ergänze die Artikel in der Tabelle. Ergänze dann die Regel.**

Akkusativ	Es gibt	*einen* / *keinen* Kletterpark.	.... / .... Schüler-Café.	.... / .... Schülerzeitung.	.... / .... Projekttage.

Es gibt steht immer mit dem ....

13 **Schau die Bilder an und vergleiche. Was gibt es in Schule A? Was gibt es in Schule B nicht? Schreib auf.**

1. In Schule A gibt es eine Sporthalle, ...

....

2. In Schule B gibt es kein Schwimmbad, ...

....

GRAMMATIK

14 **Lies den Text und unterstreiche wie im Beispiel *man* und das Verb. Ergänze dann die Regel.**

Man kann in meiner Schule Deutsch, Englisch und Chinesisch lernen und man arbeitet viel zusammen. Und man kann einen Breakdance-Kurs machen. Aber man kann nicht Hockey spielen. Wie findet ihr meine Schule?

Indefinitpronomen man

Er / Es / Sie / .... kann Deutsch lernen. Er / Es / Sie / .... arbeitet viel.

15 **Was kann man in deiner Schule machen? Was nicht? Schreib in dein Heft wie in 14.**

NACH AUFGABE 6

16 **Wo sind die Leute? Ergänze.**

an × auf × in

A .... der Schule

B .... dem Sportplatz

C .... der Bus-Haltestelle

GRAMMATIK

17a **Lies den Dialog und unterstreiche die Ortsangaben wie in den Beispielen.**

- ● Hallo Max, ich kaufe am Kiosk noch ein Kicker-Magazin. Bist du schon im Bus?
- ▼ Nein, ich stehe an der Haltestelle. Wo ist denn Florian?
- ● Florian hat noch Volleyball-Training. Er isst heute in der Schule.
- ▼ Ach ja. Übrigens: Bist du heute Nachmittag wieder auf dem Sportplatz?
- ● Nein, ich muss noch ein Geschenk kaufen. Aber ich habe nicht viel Geld.
- ▼ Kauf doch etwas auf dem Flohmarkt. Ich finde dort immer etwas.
- ● Hm, ich weiß nicht.
- ▼ Und was machen wir morgen? Im Kino kommt ein James-Bond-Film. Hast du Lust?
- ● Ja, okay.

b **Ergänze die Tabelle**

Wo?	
in	im Bus, ... Kino, ... Schule
an + *Dativ*	am Kiosk, ... Haltestelle
auf	....platz, ... Flohmarkt

18 Ergänze die Präpositionen und die Artikel.

1. ▲ Kaufst du mir am Kiosk eine Tüte Chips? ▼ Ja, okay.
2. ■ Wo warst du denn gestern? ◆ Ich war .... Kino. Der Film war super.
3. ● Ich bin in fünf Minuten da. Wo stehst du denn? ▲ .... Haltestelle.
4. ◆ Tim war gestern nicht .... Schule. Er hatte Halsschmerzen.
5. ▲ Gibt es .... Flohmarkt auch Asterix-Filme? ■ Hm, ich weiß nicht.
6. ● Ich war heute mit Papa .... Sportplatz. Wir trainieren für den Marathon.
7. ◆ .... Bus höre ich immer Musik. ● Ja, ich auch.

NACH AUFGABE 8

19 Was passt? Kreuze an.

1. ● Komm, wir basteln ein Flugzeug.
   - ◯ ◆ Super. Und dir?
   - ◯ ◆ Vielen Dank.
   - ◯ ◆ Einverstanden.

2. ● Wir schreiben heute keinen Test.
   - ◯ ◆ Gute Besserung!
   - ◯ ◆ Uff, da bin ich aber froh!
   - ◯ ◆ Bis bald.

3. ● Was? Du hast hundert Euro Taschengeld?
   - ◯ ◆ Viele Grüße.
   - ◯ ◆ Gute Reise.
   - ◯ ◆ Quatsch, das war doch nur Spaß!

4. ● Machen wir einen Karibik-Cocktail?
   - ◯ ◆ Hier, bitte.
   - ◯ ◆ Super Idee!
   - ◯ ◆ Oh, Entschuldigung!

AUSSPRACHE

20 Vokal e: Hör zu und sprich nach.

20

e	→	mehr	wehtun	Tee	Ferien	Lehrer	Idee
e	→	welcher	gestern	deshalb	nett	Test	treffen
e	→	Straße	klasse	Beine	nächste	Reise	Leute
(e)	→	gefall(e)n	arbeit(e)n	Gart(e)n	mach(e)n	kauf(e)n	Reis(e)n

21 Hör zu und sprich nach.

21

1.
Hose – Hosen
Jacke – Jacken
Reise – Reisen
Bluse – Blusen

2.
habe – haben
gefalle – gefallen
höre – hören
arbeite – arbeiten

3.
Ein Test in den Ferien?
Mehr Tee, bitte!
Ein Geschenk? Für wen?
Zuerst rechts, Herr Behr.

22a Hör zu und sprich die Antwort nach.

22

◆ Wie findest du …

die grauen Socken?	● Ach, nee!
die gelben Schuhe?	● Es geht.
die grüne Jacke?	● Hm.
die rote Jeans?	● Geht so.
die blaue Bluse?	● Sehr nett!
das weiße Hemd?	● Gute Idee!
die schwarze Hose?	● Echt klasse!

b Spielt den Dialog zu zweit.

Die Kleidung

das Kleid, -er

die Bluse, -n

die Hose, -n

die Jeans (nur Pl.)

der Rock, ¨-e

der Bikini, -s

der Schuh, -e

der Pullover, -

die Jacke, -n

das Hemd, -en

---

das Geschenk, -e

glauben — ▲ Ich ~, das ist eine Bluse. ● Nein, das ist doch ein Hemd.

die Farbe, -n

> Kennst du noch alle Farben?
> *gelb, blau, rot, grün, …*

gefallen ((!) er/es/sie gefällt) + *Dativ* — Wie ~ dir das Kleid?

aus|sehen ((!) du siehst aus, er/es/sie sieht aus)

für — Ein Geschenk ~ dich!

der Kugelschreiber, - — = Kuli

der Flohmarkt, ¨-e — Kati und Laura waren auf dem ~.

der Ostbahnhof, ¨-e — Der Flohmarkt ist am ~.

> Suche immer nach bekannten Wörtern. Das Wort *Bahnhof* kennst du schon.

das Konzert, -e

der Treffpunkt, -e — Der Kiosk ist der ~.

der Kiosk, -e

das Fest, -e — Am Marienplatz ist ein Sport~.

es gibt — ~ heute einen Flohmarkt.

man

> Erinnerst du dich: *man* ≠ *der Mann*
> = *jede Person, alle*

> Es gibt noch mehr Präpositionen mit Dativ auf die Frage *wo*:
> *in* und *an*

auf + *Dativ*

(die) Idee, -n — Laura findet Katis ~ nicht so toll.

einverstanden (sein) — ▲ Gehen wir zum Flohmarkt? ● Ja, ~!

(der) Quatsch (nur Sg.) — ~! Das war doch nur Spaß!

der Hip-Hop (nur Sg.)

Das Konzert hat Spaß gemacht!

15 LEKTION

NACH AUFGABE 2

1 **Lös das Rätsel.**

1.						
2.						
3.						
4.						
5.						
6.	E	-	M	A	I	L
7.						

1. Kati kauft einen ....
2. Er kostet nur vier ....
3. Kati findet vier Euro nicht ....
4. Nein. Sie findet vier Euro ....
5. Im Englischen Garten tanzen viele ....
6. Kati schickt ihrer Mama morgen eine E-Mail mit Fotos.
7. Jetzt .... Kati auf einem Konzert.

GRAMMATIK

2a **Ergänze die Verbformen.**

gehört × getanzt × ~~gekostet~~ × gekauft × gemacht

Das Konzert gestern im Olympiapark war toll. Das Ticket hat nur sieben Euro gekostet (1). Drei Schülerbands aus München haben Musik .... (2). Wir haben super Musik .... (3). Laura und Simon haben auch .... (4). In der Pause hat Tante Julia Cola für alle .... (5).

b **Unterstreiche in 2a die Verben im Perfekt und ergänze die Tabelle.**

Infinitiv	*Perfekt* haben + *Partizip Perfekt*
kosten	hat gekostet

c **Ergänze die Regeln.**

Perfekt

Hilfsverb .... + Partizip Perfekt

Partizip Perfekt

ge + Verbstamm + t

ge mach ...., ...,

(!) ge kost et

Präsens → jetzt, heute, ...

Das Ticket kostet nur sieben Euro.

Perfekt → gestern, ...

Das Ticket .... nur sieben Euro ....

3 **Bilde das Perfekt wie in den Beispielen und schreib die Formen der anderen Verben in dein Heft.**

schicken (ich) × tanzen (du) × üben (er) × warten (wir) × lachen (ihr) × basteln (sie)

	Verbstamm	*Perfekt*
spiel~~en~~ (ich)	spiel	ich habe gespielt
sammel~~n~~ (du)	sammel	du

GRAMMATIK

4a **Ergänze das Partizip Perfekt.**

1. ● Laura hat auf dem Flohmarkt Ohrringe .... (*kaufen*)
   ◆ Wie viel haben sie denn ....? (*kosten*) ● Ich glaube, fünf Euro.
2. ◆ Was haben Nico und Alex gestern ....? (*machen*)
   Haben sie mit der Band ....? (*üben*)
   ■ Ja, Nico hat Gitarre .... (*spielen*) und Alex Keyboard.

b **Schreib Sätze aus 4a in das Schema.**

	Position 1	*Position 2*			*Ende*
Aussagesatz	Laura	hat	auf dem Flohmarkt Ohrringe		gekauft.
W-Frage			sie		
Ja/Nein-Frage					

c **Ergänze die Regel.**

Perfekt	
Aussagesatz und W-Frage:	Das Hilfsverb *haben* steht auf Position .... Das Partizip Perfekt steht am ....
Ja/Nein-Frage:	Das Hilfsverb *haben* steht auf Position .... Das Partizip Perfekt steht am ....

5 **In welches Tor muss der Ball? Verbinde.**

1. Was ___ du ___ denn da gekauft?
2. ___ du ___ mich gemalt? Toll!
3. Wer hat ___ denn auf der Party Gitarre ___ ?
4. ___ Simon und Laura ___ gestern Bio gelernt.
5. Herr Meier, Sie ___ haben ja Hip-Hop ___ !

- hast
- hast
- gespielt
- haben
- getanzt

NACH AUFGABE 3

6 **Was sagen die Personen? Ergänze.**

Ich verstehe dich nicht. Sprichst du vielleicht Deutsch? × Was hast du gesagt? Noch einmal bitte! × Verstehst du das?

A 

B 

C 

NACH AUFGABE 5

7a **Wie alt sind sie? Ergänze.**

1. ▲ *Wie alt ist das Auto?*
   ● Es ist ……………… Jahre alt.
2. ▲ ………………
   ● ………………
3. ▲ ………………
   ● ………………

b **Und wie alt bist du?** ………………

8 **Was kannst du nicht machen? Streiche durch.**

1. ein Fahrrad — verkaufen — ~~besuchen~~ — bezahlen
2. Basketball — erzählen — spielen — trainieren
3. Oliver — kennenlernen — fotografieren — kaufen
4. Bücher — kaufen — trainieren — verkaufen
5. deine Oma — besuchen — anrufen — bezahlen

GRAMMATIK

9a **Lies noch einmal die E-Mail im Kursbuch (S. 35, Aufgabe 4a) und schreib die Formen des Partizip Perfekt in eine Tabelle in dein Heft.**

ge ( ) t	( ) t	( ) ge ( ) t
	bezahlt,	

b **Ergänze die Regel.**

	Infinitiv	Partizip Perfekt
regelmäßige Verben		ge [ ] t
	basteln →	....
Verben mit		[ ] t
Infinitiv auf -ieren	fotografieren →	....
den Vorsilben be-, ver-, er-	bezahlen →	bezahlt
trennbare Verben		[ ] ge [ ] t
	mit|machen →	....

10 **Schreib die Verben im Perfekt in den richtigen Kasten in dein Heft.**

~~lachen~~ × abholen × telefonieren × aufräumen × duschen × nerven × erzählen × einkaufen × kochen × trainieren × bezahlen × malen × brauchen

ge [ ] t	[ ] t	[ ] ge [ ] t
ich habe gelacht,	....	....

11 **Ergänze die Verben im Perfekt.**

Kati, Laura und Tante Julia waren auf dem Flohmarkt. Laura hat Ohrringe gekauft (1) (*kaufen*). Sie .... nur zwei Euro .... (2) (*kosten*). Eine Frau .... T-Shirts, Blusen und Kleider .... (3) (*verkaufen*). Das war für Kati natürlich interessant. Tante Julia .... einen Ring für Kati .... (4) (*kaufen*). Er ist ganz toll!

Auf dem Flohmarkt war auch ein Straßenkünstler. Er .... Tricks mit Bällen .... (5) (*machen*). Tante Julia .... dann noch schnell im Supermarkt .... (6) (*einkaufen*). Dann .... sie .... (7) (*fragen*): „Mädchen, ... ihr mit Simon und Nico .... (8) (*telefonieren*)? Kommen sie zum Konzert mit?“

12 **Ergänze *kennen* oder *kennenlernen* in der richtigen Form.**

Wie heißt das in deiner Sprache? Übersetze.
● *Kennst du Nico?*
▲ *Ja, ich habe ihn gestern kennengelernt.*

1. ◆ .... du Tom Cruise? ● Ja, natürlich.
2. ▲ Gestern habe ich eine Straßenkünstlerin .... Sie heißt Cornelia Engel. ● Oh, interessant!
3. ◆ Möchtest du meine Cousine ....? Sie kommt morgen aus Wien. ■ Deine Cousine Kati? Ich glaube, ich .... sie schon.
4. ▲ .... Sie Frau Müller? Das ist Janinas Mutter. ● Guten Tag, Frau Müller.
5. ◆ .... du das Spiel „Cluedo“? ■ Ja, meine Schwester spielt es oft mit ihrer Freundin.

NACH AUFGABE 7

13 **Beschreib die Personen. Schreib in dein Heft.**

klein × groß × schlank × dick × sportlich × lang × rot × blond

Der Mann ist .... *Seine Haare sind* ....

NACH AUFGABE 8

14 **Was macht Nicki? Ergänze.**

1. *Nicki kocht.*
2. ....
3. ....
4. ....
5. ....

15 **Ergänze Dialog 1 mit den Vorgaben. Schreib dann selbst einen Dialog 2.**

Na klar. Das ist doch leicht. × Kannst du mir helfen? × Ich verstehe die Mathe-Aufgabe nicht.

1. 

● ....

◆ ....

2. 

● ....

◆ ....

16 **Was können sie gut? Ordne zu und schreib Sätze.**

singen × Modellschiffe basteln × Englisch sprechen × zeichnen

Wie heißt das in deiner Sprache? Übersetze.
Ich kann sehr gut Klavier spielen.
Ich kann morgen kommen.

Ⓐ 

Ⓑ 

Ⓒ 

Ⓓ 

Ⓐ Laura kann gut ....

Ⓑ ....

Ⓒ ....

Ⓓ ....

NACH AUFGABE 9

17 Was ist das Gegenteil? Verbinde.

gut – lang – schlank – interessant – intelligent – teuer – groß – leicht

dick – langweilig – schlecht – billig – dumm – klein – schwer – kurz

SCHREIBTRAINING

18a Lies den Text. Welche Informationen gibt „Kinoqueen" über ihren Lieblingsschauspieler? Kreuze an.

Kino & TV Forum

Kinoqueen
25. März

Hallo alle zusammen,
ich habe eine Frage: Wer ist dein absoluter Lieblingsschauspieler oder deine Lieblingsschauspielerin? Ich fange mal an: Mein Lieblingsschauspieler ist Daniel Craig. Ich finde ihn genial in „James Bond". Daniel Craig ist schlank, super muskulös und soooo sportlich. Seine Augen sind blau. Das finde ich so süß. Ich finde, er ist total sympathisch. Ich mag ihn einfach.
Und jetzt ihr!

○ Alter ○ Stadt ○ Augen ○ Figur (schlank, groß, ...)
○ Name ○ Hobby ○ Film(e) ○ Charakter (sympathisch, ...)

Mach dir zuerst Notizen zu den einzelnen Themen. Schreib dann den Text.

b Was weißt du über deine Lieblingsschauspielerin / deinen Lieblingsschauspieler? Mach Notizen in dein Heft.

c Schreib nun eine Antwort an „Kinoqueen" in dein Heft.

AUSSPRACHE

19a Wortakzent bei Perfektformen: Hör zu, klopf mit und sprich nach.

23

1.
ich tanze – du hast getanzt
ich lache – du hast gelacht

2.
ich mache mit – du hast mitgemacht
ich räume auf – du hast aufgeräumt

3.
ich besuche – du hast besucht
ich verkaufe – du hast verkauft

4.
ich fotografiere – du hast fotografiert
ich telefoniere – du hast telefoniert

b Bildet Verformen wie in 19a. Sprecht und klopft zu zweit.

sagen – bezahlen – spielen – einkaufen – abholen – trainieren – erzählen

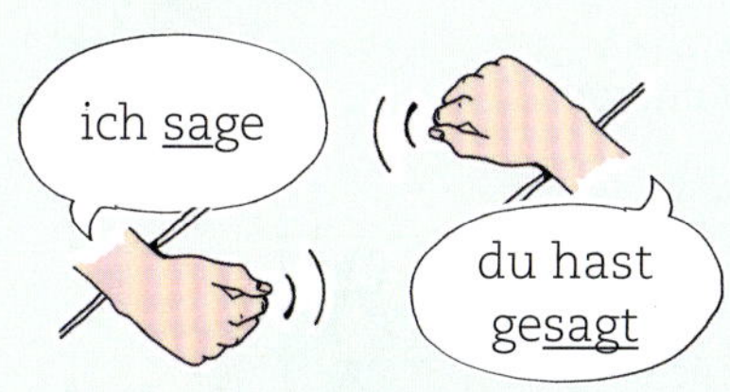

20 Satzakzent: Hör zu und sprich nach.

24–26

1. Laura hat gelernt. Laura hat Mathe gelernt. Laura hat Mathe und Bio gelernt.
2. Wir haben eingekauft. Wir haben Saft eingekauft. Wir haben Saft und Brot eingekauft.
3. Kati hat telefoniert. Kati hat mit Laura telefoniert. Kati hat mit Laura und Nico telefoniert.

15 Lernwortschatz

der Hut, ⸚e	....	Kati hat einen ~ gekauft.
billig	....	Er war ganz ~.
nur	....	Er war billig! Er hat ~ vier Euro gekostet.
das Akkordeon, -s	....	Die Musiker haben Saxofon und ~ gespielt.
die Leute (nur Pl.)	....	Die ~ haben getanzt.
teuer	....	↔ billig
der Liedtext, -e	....	
noch einmal	....	= noch mal
verstehen	....	Wie bitte? Ich ~ dich nicht.
bezahlen	....	Kati ~ nur vier Euro ~. *(Perfekt)*
verkaufen	....	Die Frau ~ einen Hut und Kati kauft ihn.
alt	....	■ Wie ~ bist du? ▲ Ich bin 13 Jahre ~.
kennen|lernen	....	
der Vampir-Film, -e	....	
warum	....	
besuchen	....	
wen	....	▼ ~ hat Kati fotografiert? ● Anna.
an|schauen	....	Die Mädchen haben einen Film ~.
erzählen	....	Kati ~ ihrer Mutter von München.

> Du sagst: *noch mal*
> Du schreibst: *noch einmal*

> Lern jetzt auch immer die Perfektform, wenn du ein neues Verb lernst: *bezahlen, bezahlt, hat bezahlt*

> (!) Achtung! Es gibt einen Unterschied:
> ◆ *Kennst du Nico?*
> ● *Ja, ich habe ihn gestern kennengelernt.*

Das Aussehen

klein	↔ groß	lang	↔ kurz ....
dick	↔ schlank	schön	≙ hübsch ....
sportlich		blond	

das Auge, -n	....	
das Haar, -e	....	Die ~ von Lauras Traumjungen sind blond.
der Traumjunge, -n	....	Lauras ~ ist lustig.
reiten	....	
das Jo-Jo, -s	....	
helfen ((!) du hilfst, er/es/sie hilft)	....	
das Klavier, -e	....	
der Kilometer, -	....	
wandern	....	
na klar	....	▲ Kannst du tanzen? ● Ja, ~!
freundlich	....	≙ nett
intelligent	....	Sie weiß alles. Sie ist sehr ~.
dumm	....	↔ intelligent
malen	....	≙ zeichnen

Lesen

> Das hier ist ein Blog. Überlege vor dem Lesen: Was schreiben Jugendliche in ihren Blogs? Was sind die Themen?

1a Lies die Texte und ordne die Bilder zu.

A

B

C

D

1 Hi Leute, ich bin wieder da! ☺ Tut mir echt leid. Ich hatte in den Ferien keine Zeit zum Bloggen. Ich bin mit dem Zug nach Frankfurt gefahren und habe meinen Bruder besucht. (Die Fahrkarte hat zum Glück meine Mutter bezahlt, die war echt nicht billig!) Bis später!
Eingestellt von **karol908** um 16:10
1 Kommentar

2 Tom hat mich in Frankfurt am Bahnhof abgeholt. Und dann die blöde Überraschung: Ich habe die Tasche mit Toms Geschenk im Zug vergessen. So ein Mist!!!! ☹ Am Abend hat Tom noch gelernt – er studiert Architektur. Muss jetzt auch Mathe machen. ☹ Bis morgen!
Eingestellt von **karol908** um 15:14
Keine Kommentare

3 Kennt ihr Frankfurt? Frankfurt ist so groß!!! Wir sind viel mit der U-Bahn gefahren und zu Fuß gelaufen. Die Stadt gefällt mir total gut. Die Fußgängerzone, die Geschäfte, die Flohmärkte, die Kinos, die Open-Air-Konzerte im Park und natürlich der Main … Es gibt Straßenkünstler, Musiker, Artisten. Da ist immer was los, und man kann so viel machen. (nicht so langweilig wie hier in Lübeck!)
Eingestellt von **karol908** um 19:22
3 Kommentare

4 Ach ja, das hab ich noch vergessen: Tom hatte Samstag Geburtstag und hat eine Party im Park gemacht. Voll cool! Wir haben Musik gehört, gechillt und Tom hat dann noch Gitarre gespielt. Seine Freunde sind echt cool. Ich habe die ganze Zeit fotografiert. Wie findet ihr eigentlich die Fotos? Ja, ich weiß, sie sind nicht soooo super, ich hatte keine Kamera, nur mein Handy. Nächste Woche haben wir wieder Schule. ☹
Eingestellt von **karol908** um 16:45
Keine Kommentare

b Was passt? Lies die Texte noch einmal und kreuze an.

	Karo	*Tom*	
1.	○	○	schreibt einen Blog.
2.	○	○	wohnt in Lübeck und fährt nach Frankfurt.
3.	○	○	hat am Bahnhof gewartet.
4.	○	○	hat am Abend gelernt.
5.	○	○	hat eine Tasche im Zug vergessen.
6.	○	○	findet Frankfurt toll.
7.	○	○	hatte Geburtstag und hat ein Fest gemacht.
8.	○	○	hat Gitarre gespielt.
9.	○	○	hat viele Fotos gemacht.

Training: Hören, Sprechen

Hören

2a **Hör einen Beitrag im Radio. Was ist richtig? Kreuze an.**

27 Was macht man in dem Workshop?

(a) zeichnen (b) tanzen (c) Gymnastik

> Konzentriere dich beim zweiten Hören auf die wichtigsten Informationen und die Zahlen.

b **Lies die Sätze. Hör dann die Mitteilung noch einmal und kreuze an.**

27

1. Der Workshop ist …
   - (a) nur am Samstag.
   - (b) nur am Sonntag.
   - (c) am Samstag und Sonntag.

2. Kinder und Jugendliche im Alter von … Jahren können mitmachen.
   - (a) 10–14
   - (b) 12–15
   - (c) 10–15

3. Die Kinder müssen … mitbringen.
   - (a) Sportschuhe
   - (b) Getränke und Snacks
   - (c) ein T-Shirt und eine Gymnastikhose

4. Die Show für die Eltern ist am Sonntag um …
   - (a) halb fünf.
   - (b) halb sechs.
   - (c) halb sieben.

Sprechen

3a **Ihr wollt mit eurer Austauschklasse skypen. Das Thema ist: „Lieblingsplätze“. Mach Notizen.**

Wo?	im Park	auf dem ……platz	zu Hause	……
Was?	– Fußball trainieren – Frisbee spielen	– Skateboard fahren – Einrad fahren	– Freunde treffen – Cola trinken	……

b **Erzähle.**

> Wir sind oft … oder … Da … wir … Manchmal …

> Notiere wichtige Wörter und Ausdrücke. Deine Notizen helfen dir dann beim Erzählen.

Mach die Übungen. Schau dann auf S. 89 und kontrolliere.
Kreuze an: ☺ *Das kann ich sehr gut!* / 😐 *Das geht so.* / ☹ *Das muss ich noch üben.*

1 **Du machst eine Ferienreise. Dein Freund hat viele Fragen. Ergänze.**

▲ Wohin fahrt ihr? ● Nach ……

▲ ☺ …… ! Und zu wem fahrt ihr? ● ……

▲ ☺ …… ! Und wann? ● ……

▲ Aha. Wie fahrt ihr denn? ● Mit ……

Ich kann über Reisen sprechen und positiv reagieren. ☺ 😐 ☹

2 **Du möchtest deine Oma besuchen und telefonierst mit ihr. Sie hört nicht gut. Ergänze.**

◆ Hallo Oma! Kann ich dich nächsten Samstag besuchen?
● Wie bitte? Was …… ?
◆ Ich möchte …… .
● Ach so, du willst mich besuchen!
◆ Ja, der Zug fährt …… .
● Wie …… ? …… .
◆ Um ……
● Ach so.
◆ Ich muss …… umsteigen.
● Noch …… !
◆ In …… . Oma, holst du …… um …… in …… ?
● Na klar!

Ich kann über Reisen mit dem Zug sprechen und sagen, dass ich etwas nicht verstanden habe. ☺ 😐 ☹

3 **Deine Freundin gibt dir ein Geschenk. Was sagt sie? Was antwortest du?**

● Hier, ein ……
■ Für …… ? Vielen ……

Ich kann jemandem ein Geschenk geben und mich für ein Geschenk bedanken. ☺ 😐 ☹

4 **Ein Austauschschüler fragt dich, was man in deiner Stadt machen kann. Was antwortest du?**

Hier kann man ……
……
……
……

Ich kann sagen, was man in meiner Stadt alles machen kann. ☺ 😐 ☹

5 **Du möchtest dich in einem Internet-Forum für Jugendliche vorstellen. Ergänze.**

Das kann ich gut ☺: ……
Das kann ich nicht so gut ☹: ……

Ich kann über Fähigkeiten sprechen. ☺ 😐 ☹

16 LEKTION

NACH AUFGABE 1

1 **Was passt nicht? Streiche durch.**

1. Das Konzert / Der Unterricht / Die Adresse ist aus.
2. Die Idee / Der Nachmittag / Der Pullover ist neu.
3. Wir haben / machen / erzählen Hausaufgaben.

NACH AUFGABE 2

GRAMMATIK

2a **Schau die Bilder an und ergänze *vor* oder *nach*.**

1. Tom frühstückt vor der Schule.
2. Er isst nach der Schule, aber ………… den Hausaufgaben.
3. Tom macht die Hausaufgaben ………… dem Essen, aber ………… dem Sport.

b **Unterstreiche in 2a die Satzteile mit *vor* und *nach*. Ergänze dann die Regeln.**

Wann? vor/nach + *Dativ*	vor/ nach	………… Sport
		………… Essen
		der Schule
		………… Hausaufgaben

Präpositionen vor, nach

Die temporalen Präpositionen *vor* und *nach* stehen immer mit ………… .

3 **Lies die Notizen des Reporters zu Jasper Japs' Tagesplan. Ergänze dann das Interview.**

: Hallo, warst du jetzt schon joggen?

Jasper Japs: Ja, ich jogge immer vor dem (1) Frühstück.

: Wie sieht denn dein Tag heute noch aus?

Jasper Japs: Also, von acht bis eins habe ich Schule und ………… (2) Schule muss ich noch schnell Hefte und einen Block kaufen. Dann esse ich. ………… (3) Mittagessen räume ich mein Zimmer auf und um drei habe ich meinen Theater-Kurs. ………… (4) Kurs mache ich die Hausaufgaben und ………… (5) Hausaufgaben schreibe ich E-Mails oder telefoniere mit Freunden. Um sechs habe ich Badminton-Training, aber ………… (6) Training fahre ich noch ein bisschen Einrad. Oh, ich muss los, es ist schon spät! Tschüss!

Tagesplan von: Jasper Japs
Montag
joggen
Frühstück
Schule (8.00–13.00)
Hefte+ Block kaufen
Mittagessen
Zimmer aufräumen
Theaterkurs (15.00–16.00)
Hausaufgaben machen
E-Mails schreiben
telefonieren
Einrad fahren
Badminton (18.00)

NACH AUFGABE 3

4 Wie viel Uhr ist es? Ergänze.

~~fünf vor~~ × zwanzig vor × zehn nach × ~~Viertel nach~~ × zehn vor × Viertel vor

1. Es ist *fünf vor* elf.

2. Es ist *Viertel nach* sechs.

3. Es ist .... zwei.

4. Es ist .... zehn.

5. Es ist .... zwölf.

6. Es ist .... drei.

5 Ergänze die Antwort. Schreib die inoffiziellen Uhrzeiten.

1. Wie viel Uhr ist es? *Es ist zehn nach acht. / Zehn nach acht.* — 08:10
2. Wann kommt Anna? *Um* .... — 16:45
3. Wann ist die Schule aus? .... — 14:15
4. Wie spät ist es? .... — 12:55
5. Wann fährst du zu Laura? .... — 19:40
6. Wann musst du aufstehen? .... — 06:50
7. Wann essen wir? .... — 12:30

NACH AUFGABE 6

6 Schreib die Zimmer/Orte richtig. Ergänze auch die Artikel.

1. Wir wohnen dort. *die Wohnung* — OWHNNGU
2. Mein Mantel ist dort. .... — LFRU
3. Wir kochen dort. .... — EÜCHK
4. Wir sehen dort zusammen fern. .... — HNMERWOMIZ
5. Im Sommer essen wir dort. .... — RASTERSE
6. Wir spielen dort Badminton. .... — TENGAR
7. Meine Eltern schlafen dort. .... — MERZIMFALHCS
8. Mein Bruder schläft und spielt dort. .... — DNIKREMERZIM
9. Du kannst dort deine Hände waschen. .... — ETTOILTE
10. Ich dusche dort. .... — ADB
11. Das Auto ist dort. .... — ARGEGA

7 **Was passt zu *Wohnung*? Unterstreiche.**

ordentlich ✕ klein ✕ schlank ✕ chaotisch ✕ schön ✕ lang ✕ intelligent ✕ groß ✕ teuer

NACH AUFGABE 10

8 **Was ist richtig? Unterstreiche.**

1. ◆ Ich mache jetzt die Spaghetti. Oder hast du noch keinen Hunger / Durst?
2. ■ Huuh, ist das kalt! Warte, ich brauche meinen Mantel / Flur.
3. ▲ Horrorfilme kann ich nicht anschauen. Ich habe immer so viel Spaß / Angst.
4. ● Schau mal, Hektor möchte in den Garten, aber er findet die Garage / Tür nicht.
5. ▼ Kannst du mir helfen? Ich muss mein Fahrrad aufmachen / reparieren.
6. ● Ich habe Durst. Bringst / Zeigst du mir bitte ein Glas Wasser?

GRAMMATIK

9a **Schau die Bilder an. Ordne dann die Sätze 1–6 zu.**

1. Sarah und ihre Freundin sind im Garten.
2. Herr Müller ist in der Küche und kocht.
3. Florian geht ins Bad.
4. Sarah und ihre Freundin gehen in den Garten.
5. Florian ist im Bad.
6. Herr Müller geht in die Küche.

b **Unterstreiche die Ortsangaben in 9a wie in den Beispielen. Ergänze dann die Tabelle.**

Sarah und ihre Freundin sind im Garten. Sarah und ihre Freundin gehen in den Garten.

Präposition in + Dativ				*Präposition in + Akkusativ*			
Wo?	Er/Sie ist (!)	im	Garten.	Wohin?	Er/Sie geht	in den	Garten.
	(!)	....	Bad.		(!)	....	Bad.
		....	Küche.			....	Küche.

c **Ergänze die Regel.**

Wo? in + ... | Wohin? in + ...

10 Was passt? Ergänze *wo* oder *wohin*. Ergänze auch die Antworten.

ins Kino ✕ ~~in der Stadt~~ ✕ im Kino am Bahnhof ✕ ins Café Kosmos

Wo seid ihr?	14.02
In der Stadt. Wir haben ein Geschenk für Mario gekauft.	14.04
Und was macht ihr jetzt?	14.06
Wir gehen .... Kommst du mit? Der Film fängt um halb drei an.	14.09
Ja, super! Wann und .... treffen wir uns?	14.10
Um 15:00.	14.11
Okay. Und .... gehen wir nach dem Kino?	14.12
.... vielleicht? Da gibt es super Musik.	14.15

11 Ergänze *in* und den Artikel in der richtigen Form.

1. ■ Wo ist denn meine Jacke? ▲ Ich glaube, sie ist im Flur.
2. ◆ Wohin gehst du? ● .... Supermarkt. Wir brauchen Milch.
3. ▼ Bringst du bitte das Skateboard .... Garage? ● Ja, gleich.
4. ▲ Ist Daniel nicht da? ▲ Nein, er ist .... Bibliothek.
5. ● Kannst du Papa bitte helfen? ◆ Er möchte den Sessel .... Schlafzimmer bringen.
6. ▲ Wo ist Clara denn? ▲ .... Küche. Sie macht einen Kuchen.
7. ● Ist Moritz .... Garten? ● Nein, er ist .... Bad und duscht.

NACH AUFGABE 11

12 Finde noch vier Wörter zum Thema *Tiere*. Lies dann den Text und ergänze die Wörter.

FALKS(HAUSTIER)MRSAZANHUNDIMELEPFERDWAZEBAVJKATZEHGENDTIERHFM

THEMA: Hast du ein Haustier (1)?

	**Kitty 243** member	Ich habe eine .... (2). Sie ist acht Wochen alt und total süß. 
	**Cocker** member	Ich möchte so gern einen .... (3), aber meine Eltern sagen, ich habe keine Zeit. ☹ 
	**Charly03** guest	So ein .... (4) macht viel Arbeit. Ich treffe lieber meine Freunde.
	**Flicka-Fan** member	Ich habe eine Frage: Ich habe ein .... (5) und suche jetzt einen Trainer. Wer kann mir helfen? 

13 **Was passt? Ergänze die Verben in der richtigen Form.**

bekommen × spazieren gehen × kaputt sein × füttern

1. ● Möchtest du mit mir die Pferde ……………………? ■ Oh ja, gern!
2. ◆ Hektor hat morgen Geburtstag, nicht? ▲ Ja, er …………………… auch ein Geschenk.
3. ▲ Du musst mit deinem Hund viel …………………… . ● Ja, das mache ich.
4. ■ Der Computer …………………… . ● Ja, ich weiß. Wir müssen ihn reparieren.

NACH AUFGABE 12

GRAMMATIK

14a **Lies den Tipp. Was machen die Jugendlichen regelmäßig? Ergänze dann die Endungen bei den Zeitangaben wie im Beispiel.**

Du kennst schon die Zeitangaben mit *nächsten/nächstes/nächste*. Die Zeitangaben mit *jeden/jedes/jede* werden genauso gebildet.

Jed_e_ Woche gehe ich zum Volleyball.

Wir besuchen jed…… Wochenende meine Oma.

Meine Familie und ich fahren jed…… Sommer nach Italien.

b **Unterstreiche die Zeitangaben in 14a und ergänze dann die Regel.**

Wie oft?

jed…… Tag/Monat/Sommer
jed…… Wochenende/Jahr
jed…… Woche/Stunde

15a **Lies das Quiz und ergänze *jed-* in der richtigen Form.**

Ein Herz für Tiere

	a	b
1. Wie oft muss man eine Katze füttern?	a _Jede_ Stunde.	b Zweimal pro Tag.
2. Wie oft muss man eine Katze waschen?	a Nie.	b …………… Monat.
3. Wie lange kann eine Katze leben?	a Zwanzig Monate.	b Zwanzig Jahre.
4. Wie oft muss eine Katze zum Arzt?	a …………… Jahr.	b Nie.

Lösung: 1b, 2a, 3b, 4a

b **Beantworte dann die Quiz-Fragen. Was ist richtig, ⓐ oder ⓑ? Kreuze an.**

16 **Ergänze.**

oft × manchmal × nie × ~~immer~~ × meistens

immer → …………… → …………… → …………… → ……………

17 **Schau in den Wochenplan. Unterstreiche ...*mal* in den Sätzen 1–4 wie im Beispiel. Korrigiere dann die Sätze.**

Name: *Clara Beck*

	Montag	Dienstag	Mittwoch	Donnerstag	Freitag
14.00 – 15.00	Computerkurs			Computerkurs	
15.00 – 16.00		Tanzgruppe			
16.00 – 17.00			Gitarre		
18.00 – 19.00	Schwimmkurs		Schwimmkurs		Schwimmkurs

1. Clara hat zweimal pro Woche Gitarre. ...*einmal*...
2. Sie hat dreimal pro Woche Computerkurs. ....
3. Sie hat einmal pro Woche Schwimmkurs. ....
4. Sie hat zweimal pro Woche Tanzgruppe. ....

18 **Und du? Wie oft machst du das? Schreib Sätze in dein Heft wie im Beispiel.**

~~spazieren gehen~~ × Vokabeln lernen × zu meinen Großeltern fahren/gehen × mit der Familie in Urlaub fahren × ein Klassenfest machen × einkaufen × mein Bett machen × mein Zimmer aufräumen × fernsehen × Sport machen

Ich gehe einmal pro Woche spazieren.

AUSSPRACHE

19 **n – ng – nk: Hör zu und sprich nach.**

28

n	→	Mann	ins	schreiben	können	seine	Antwort
ng	→	Frühling	Junge	England	Zeitung	Angst	langweilig
nk	→	danke	links	Onkel	Geschenk	trinken	denken

20 **Hör zu und sprich nach.**

29-31

1. **n–ng**	2. **n–nk**	3. **ng–nk**
Lehrerin – Ring	denn – denken	bring – bringen
Mund – Übung	in – trink	sing – singen
sind – sing	dann – Dank	trink – trinken
Land – lang	ins – links	denk – denken
Hund – Hunger	an – Anka	schenk – schenken

21 **Hör zu und sprich nach.**

32

Inges Hund Anka

▼ Entschuldigung. ● Ja bitte?
▼ Ist das Inge Mengels Wohnung? ● Nein.
▼ Wohnt Inges Onkel Frank aus England vielleicht hier?
● Keine Ahnung. Wer sind Sie?
▼ Inke Wenger und das ist Anka, Inges Hund.
● Aha. ▼ Und wie heißen Sie?
● Frank Bunge. Möchten Sie vielleicht etwas trinken?
▼ Nein, danke, ich nicht, aber der Hund.
● Na, dann komm, Anka! Hast du vielleicht auch Hunger?

16 Lernwortschatz

> Es gibt verschiedene Ausdrücke mit *sein*. Du kennst schon: *einverstanden sein, los sein, da sein …*

aus sein .... Es ist 13 Uhr. Die Schule ~.

neu .... Lukas ist ~ in der Klasse.

Die Uhrzeiten

vor .... 
Es ist fünf ~ neun.

nach .... 
Es ist fünf ~ neun.

(das) Viertel, - .... 
Es ist ~ nach eins.

die Hausaufgabe, -n .... Simon macht vor dem Essen die ~.

die Vokabel, -n ....

frühstücken .... Ich ~ immer um sieben Uhr.

chaotisch .... Lukas' Zimmer ist ein bisschen ~.

ordentlich .... ↔ chaotisch

die Wohnung, -en ....

1. der Flur, -e ....
2. die Küche, -n ....
3. das Kinderzimmer, - ....
4. das Wohnzimmer, - ....
5. die Terrasse, -n ....

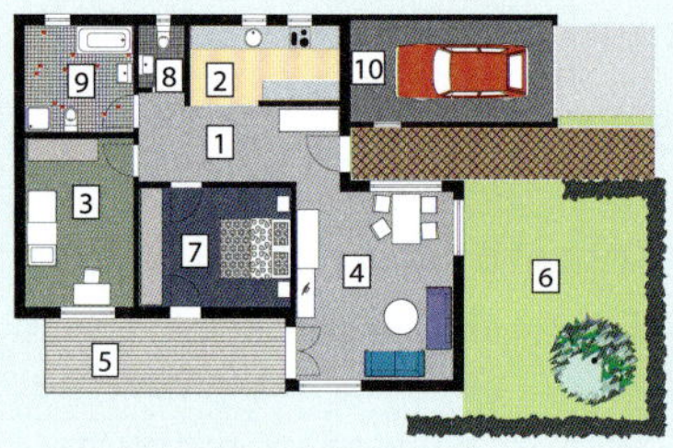

6. der Garten, ¨ ....
7. das Schlafzimmer, - ....
8. die Toilette, -n ....
9. das Bad, ¨er ....
10. die Garage, -n ....

der Hunger (nur Sg.)  ....

reparieren .... Lukas ~ die Lampe ~. *(Perfekt)*

die Angst, ¨e .... Simon hat ~. 

die Tür, -en 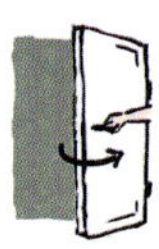 ....

auf|machen .... Simon ~ die Tür ~.

bringen .... Lukas ~ das Fahrrad in die Garage.

der Mantel, ¨  ....

der Chat, -s ....

das Haustier, -e ....

das Tier, -e ....

die Katze, -n .... 

der Hund, -e .... 

das Pferd, -e .... 

bekommen .... Wie oft ~ dein Hund Futter?

einmal/zweimal .... = 1x/2x

nie .... → immer → meistens → oft → manchmal → nie

pro .... Der Hund bekommt zweimal ~ Tag Futter.

jeden/jedes/jede .... Lukas geht ~ Tag in die Schule.

spazieren gehen .... Du musst mit deinem Hund ~.

(die) Minute, -n .... Eine Stunde hat sechzig ~.

kaputt  ....

sauer .... Ich bin ~! ☹

egal 😐 .... Das ist mir ~.

füttern .... Lukas ~ seinen Hund.

> Lern Wortfamilien immer zusammen: *das Futter – füttern*

Schöne Ferien!

17 LEKTION

NACH AUFGABE 1

1 **Findest du das schön oder nicht? Ergänze + oder –.**

1. ◯ krank sein
2. ◯ Picknick machen
3. ◯ es ist kalt

4. ◯ die Jacke vergessen
5. ◯ Fische angeln
6. ◯ schnell Freunde finden

7. ◯ 10 Kilometer wandern
8. ◯ es ist warm
9. ◯ einen Cache mit dem GPS-Gerät suchen

2 **Was passt? Ergänze.**

kalt × viel × ~~warm~~ × schnell × krank

1. ● Es ist so *warm* ! Ich möchte ein Eis.
2. ◆ Möchtest du deine Jacke?
   Es ist …………… .
3. ● Wie geht's? ▲ Nicht so gut. Ich glaube, ich bin …………… .
4. ◆ Möchtest du ein Glas Orangensaft?
   ■ Nein, danke. Ich habe schon so …………… Wasser getrunken.
5. ▲ Der Bus ist …………… gefahren. In zehn Minuten waren wir im Camp.

NACH AUFGABE 2

GRAMMATIK

3a **Lies noch einmal die Texte im Kursbuch (S. 48, Aufgabe 2a) und schreib die Verben im Perfekt in eine Tabelle in dein Heft.**

Hilfsverb haben	*Hilfsverb* sein
Wir haben gelernt …	*wir sind gefahren* …

b **Ergänze die Regel.**

Perfekt mit dem Hilfsverb ……………

Perfekt mit dem Hilfsverb ……………

Wenn du dir unsicher bist, kannst du immer in der Liste auf S. 86 nachschauen.

4 **Ergänze *haben* oder *sein* in der richtigen Form.**

(1) Feriencamp am Wannsee

Meine Freundinnen …………… jeden Nachmittag im See geschwommen, aber das Wasser war so kalt, brrr! Einmal …………… wir sogar um den See gelaufen. Ich …………… am Strand Musik gehört und ich …………… drei Bücher gelesen. Das war auch o.k. 😐 **Vanessa, 12**

(2) Streetdance-Camp in Wien

Wir …………… jeden Tag drei Stunden getanzt. Das war schön! Ich …………… auch schnell Freundinnen gefunden. Am letzten Tag …………… wir zum Prater gegangen. Total cool! **Tina, 12**

(3) Skatertreffen für Jugendliche von 11 bis 16 in Mühlhausen

Das *hat* total viel Spaß gemacht. Wir …………… natürlich jeden Tag Skateboard gefahren. Aber wir …………… auch viel Fußball gespielt und einmal …………… wir auch drei Stunden gewandert. **Felix, 13**

Lukas

NACH AUFGABE 3

Du findest die Liste der unregelmäßigen Verben mit Partizipien auf *-en* auf Seite 86. Lern sie auswendig.

GRAMMATIK

5 **Schau noch einmal die Verben in 3a an und schreib die Formen des Partizip Perfekt mit *-en* in eine Tabelle in dein Heft.**

ge ___ en	___ en	___ ge ___ en
geschrieben,		

6a **Ergänze die Infinitive.**

vergessen × trinken × kommen × ~~finden~~ × singen × sprechen × gehen × schreiben × essen × schwimmen

1. wir haben gefunden finden
2. er ist geschwommen ....
3. wir haben gesprochen ....
4. sie haben gegessen ....
5. ich habe getrunken ....
6. er ist gekommen ....
7. sie hat gesungen ....
8. ihr habt vergessen ....
9. du bist gegangen ....
10. sie haben geschrieben ....

b **Ergänze passende Verben aus 6a im Perfekt.**

1. ■ Auf der Party haben wir Pizza gegessen und wir .... Cola ....
2. ◆ Um halb fünf .... Simon .... Aber er hatte nicht viel Zeit. Deshalb .... er um fünf wieder ....
3. ▼ Oh, ich .... meine Tasche im Bus .... So ein Pech!
4. ▲ Lisa, ist das dein Handy? Ich .... das Handy in der Schule ....
5. ● Ich .... mit Nico .... Ich habe eine Stunde mit ihm telefoniert.

7 **Ergänze die passenden Verben im Perfekt.**

(+)

üben × warten × schreiben × finden × spielen × ~~lernen~~ × kommen × suchen

Paul hat immer Pech!

1. Er hat drei Tage Mathe gelernt, aber dann .... er eine Fünf ....
2. Er .... viel Gitarre ...., aber auf dem Konzert .... er sehr schlecht ....
3. Er .... Mira ...., aber er .... sie nicht ....
4. Er .... zwei Stunden ...., aber der Zug .... nicht ....

8 **Verbinde die Gegenteile.**

warm · interessant · niemand · alle · langweilig · super · furchtbar · kalt

9 **Passt das zu *Schule* oder zu *Ferien*? Ergänze.**

der Unterricht ✖ angeln ✖ die Reise ✖ die Klasse ✖ lernen ✖ wandern ✖ der Strand ✖ das Feriencamp

Schule

....

....

....

Ferien

....

....

....

NACH AUFGABE 6

GRAMMATIK

10a **Finde noch acht Wörter zum Thema *Ferien*. Wo ist das? Ergänze dann die Wörter.**

AUFERIENCAMPFESSEERSTADTELWALDERFLUSSIGINSELASMEERLIHAUSNAUSTRANDGOEI

1. in einer

....

4. an einem

....

7. auf einer

....

2. zu

....e

5. an einem

....

8. in einem

....

3. am

.... / am ....

6. in einem

Feriencamp

b **Welche Präposition passt? Ergänze die Regel.**

 ....

 ....

 ....

 ....

11 **Lös die Aufgaben und finde den Weg durch das Labyrinth. Welcher Ausgang ist richtig?**

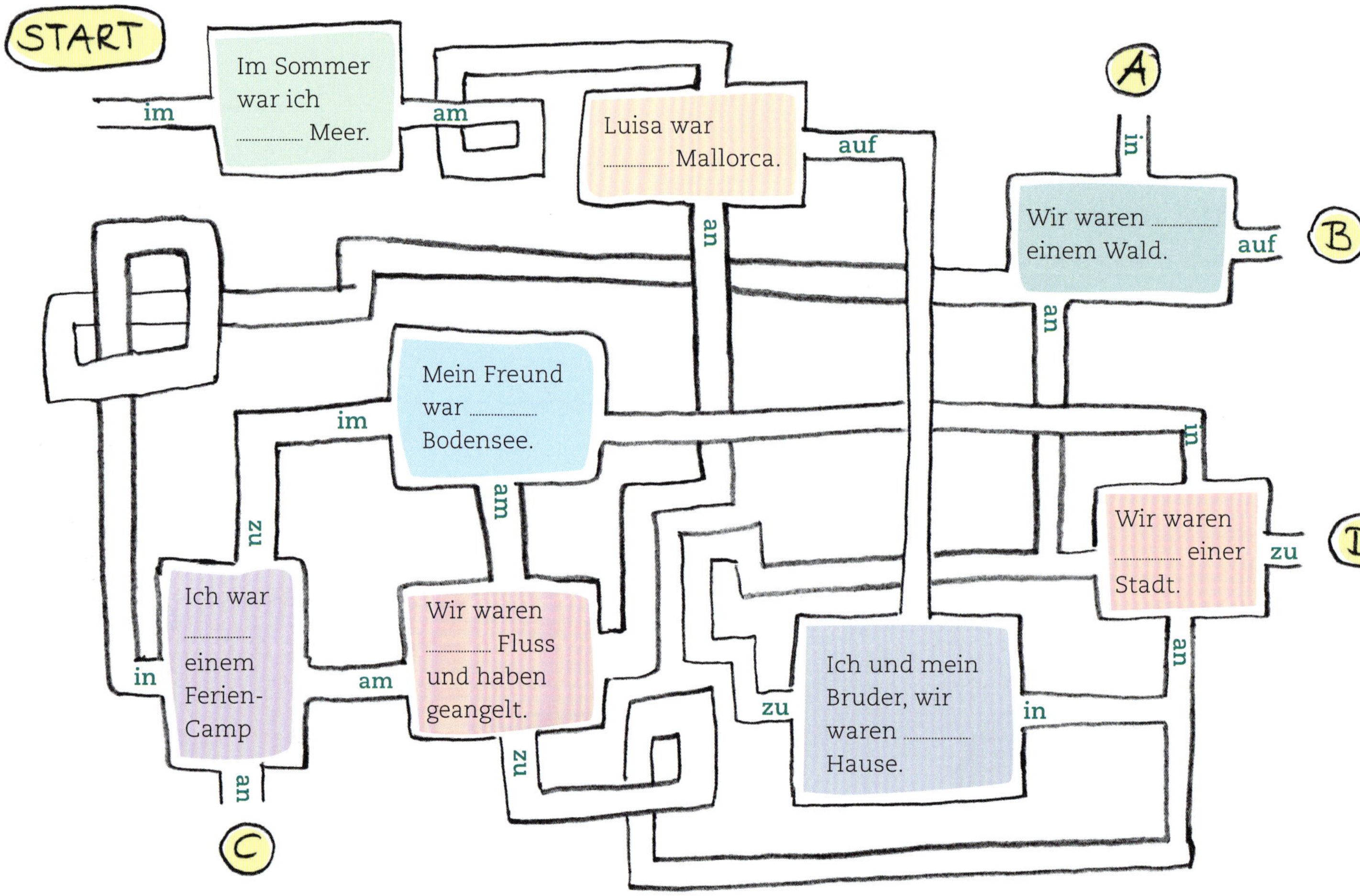

NACH AUFGABE 8

GRAMMATIK

12a **Lies den Dialog und unterstreiche alle Ortsangaben in der Artikelfarbe wie im Beispiel.**

Warum möchtest du jeden Sommer in eine Stadt fahren? Das ist doch langweilig. Fahr doch lieber in ein Feriencamp oder in einen Wald.

Nein, ich finde Städte toll. In einer Stadt kann man viel sehen und einkaufen. Das kann man in einem Feriencamp nicht und auch nicht in einem Wald.

b **Schreib die markierten Ortsangaben in die richtige Spalte.**

Präposition mit Dativ	*Präposition mit Akkusativ*
....	....
....	....
....	....

Du kennst schon *in* + Dativ und Akkusativ auf die Fragen *wo* und *wohin* aus Lektion 16.

13a **Wo möchte Nickis Familie Ferien machen? Verbinde. Es passen auch mehrere Lösungen.**

Nicki

Vicki

Micki

Schwarzwald Meer Stadt Fluss Haus Insel

Nickis Opa

Nickis Mutter

Nickis Oma

b **Schreib Sätze wie im Beispiel in dein Heft.** *Nicki möchte ans Meer fahren. Am Meer kann er ...*

14 **Ergänze die Präpositionen, Artikel und Endungen.**

Schwarzwald

Schlosspark Nymphenburg in München

1. ■ Wohin fährst du in den Ferien?
   ◆ Ich möchte *ans* Meer fahren, ... e.......... Insel. Aber meine Eltern wandern gern. Sie möchten .... d.......... Schwarzwald fahren. Wandern ist langweilig.
   ■ Aber du kannst doch .... Wald Mountainbike fahren.
2. ▲ Kommst du mit? Ich gehe .... d.......... Park.
   ● Nein, keine Lust. Ich möchte einen Film sehen.
   ▲ Gehst du .... Kino?
   ● Nein, ich bleibe .... Hause.

NACH AUFGABE 10

15 **Wann macht Laura das? Verbinde wie im Beispiel und schreib dann Sätze in dein Heft.**

wandern tauchen Ski fahren klettern

Im Herbst ...

GRAMMATIK

16a **Ergänze die Monate im Kalender.**

Januar	....	März	....	....	....
Skiferien mit Opa		*Konzert mit Band*			
Juli	August	September	....	....	Dezember
Feriencamp	*Rostock!*	*Schule ☹*			*Wettbewerb Modellschiffe*

b **Beantworte die Fragen.**

1. Wann geht Nico ins Feriencamp? Im ....
2. Wann fährt Nico nach Rostock? ....
3. Wann fängt die Schule wieder an? ....
4. Wann hat Nico ein Konzert mit der Band? ....
5. Wann ist der Wettbewerb für Modellschiffe? ....

c **Ergänze die Regel.**

Bei Jahreszeiten und Monaten steht die Präposition ....

NACH AUFGABE 12

GRAMMATIK

17 Was passt zusammen? Verbinde.

ich — wollt — ihr — willst — wir — sie/Sie — will — du — will — wollen — er/es/sie — wollen

18 Ergänze *wollen* in der richtigen Form.

1. ▲ .... Sie zum Bus? Dort ist die Haltestelle.
2. ■ .... ihr im Sommer ins Feriencamp am Ammersee?
   ◆ Nein. Ich .... zu Hause bleiben.
   Und Anne .... mit ihrer Freundin einen Tauchkurs machen.
3. ● Wir gehen morgen zum Konzert. .... du mitkommen?
4. ▼ Nein, Mama. Wir .... keinen Fisch. Mach doch bitte Spaghetti.

AUSSPRACHE

19 sch: Hör zu und sprich nach.

33

1. **Sch**ule	**Sch**iff	Fi**sch**	fal**sch**	du**sch**en	Ta**sch**e
2. **sch**lafen	**sch**lecht	**sch**mecken	**Sch**merz	**sch**nell	**sch**reiben
3. **Sch**wimmbad	**sch**wimmen	**sch**warz	**sch**wer	Ge**sch**wister	**Sch**weiz

20 Zungenbrecher: Hör zu und sprich nach.

34-37

1. Schöne Schwestern aus der Schweiz schlafen schlecht.
2. Französische Schüler schreiben mit schwarzen Kugelschreibern.
3. Schau mal, die sympathische Schweizerin schenkt uns Schokolade.
4. Schade! Fisch schmeckt mir nicht. Ich esse lieber Fleisch.

das Feriencamp, -s		Lukas fährt ins ~.

Orte in der Natur

der Wald, ⸚er		die Insel, -n	
der See, -n		das Meer, -e	
der Fluss, ⸚e		die Stadt, ⸚e	
der Strand, ⸚e			

Du bist *zu Hause*, aber du gehst *nach Hause*.

zu Hause sein		
das Programm, -e		Meine Gruppe hat Texte für ein Radio ~ geschrieben.
der Jugendliche, die Jugendliche, -n		Das Sprachcamp ist für ~ von 11 bis 16.
der Unterricht (nur Sg.)		Nach dem ~ waren wir am Strand.
das Sprachcamp,-s		Henrik hat im ~ Englisch gelernt.
die Klasse, -n		Lukas geht in die siebte ~.
warm		↔ kalt
viel		↔ wenig
vergessen ((!) du vergisst, er/es/sie vergisst)		◆ Wo ist deine Jacke? ● Oh nein, ich ~ sie im Bus ~. *(Perfekt)*
krank		↔ gesund
das Picknick, -s		
angeln		Wir haben Fische ~.
grillen		
das Geocaching (nur Sg.)		
der Cache, -s		
das Gerät, -e		Wir haben den Cache mit dem GPS- ~ gesucht.
suchen		Sie ~ den Cache.
zurück|gehen		Wir sind zu Fuß ~.
gar nichts		
das Kamel, -e		
Ägypten (nur Sg.)		Ich fahre nach ~.
mit|fahren		
bleiben		■ Wie lange ~ ihr bei Lukas? ▲ Bis halb neun.
wollen ((!) ich will, du willst, er/es/sie will)		◆ Lukas ~ Geocaching machen.
alle		↔ niemand
mit wem		● ~ willst du ins Feriencamp fahren? ▼ Mit meinem Bruder.

Lukas hat Geburtstag.

18 LEKTION

NACH AUFGABE 1

1a **Finde noch neun Wörter zum Thema *Schule*.**

L	O	S	C	H	U	L	E	M	M	O	S	V
T	U	J	P	A	E	S	C	H	Ü	L	E	R
B	M	P	L	U	K	T	F	R	F	A	C	H
K	T	A	M	S	E	N	T	R	E	D	I	T
L	A	U	N	A	D	O	R	P	H	S	S	E
A	H	S	T	U	G	T	I	L	L	Z	T	A
S	N	E	V	F	K	E	L	M	E	E	P	B
S	E	N	L	G	P	R	D	S	R	N	A	N
E	R	I	S	A	T	D	M	N	U	F	G	A
T	M	G	H	B	L	L	E	H	R	E	R	E
Z	N	I	M	E	G	J	D	S	R	U	L	V
I	T	K	U	N	T	E	R	R	I	C	H	T

b **Was passt? Ergänze im Text.**

Fehler ✖ Klassenarbeit ✖ Note ✖ Pause ✖ Schüler

Viele .... (1) lernen nicht richtig!

Ihr schreibt eine .... (2) Du hoffst, du schreibst keine Fünf? So lernst du richtig: Schau deine Hausaufgaben an. Mach sie noch einmal neu. Du machst noch .... (3)? Dann lies noch mal die Texte im Buch. Arbeite eine Stunde, mach dann eine .... (4) und iss ein bisschen Obst. Arbeite dann weiter. Du schreibst bestimmt eine super .... (5)!

NACH AUFGABE 2

GRAMMATIK

2a **Was passt? Verbinde.**

1. ■ Welcher Lehrer ist — ⓐ du blöd? ◆ Meinen Musiklehrer.
2. ■ Welchen Lehrer findest — ⓑ cool? ◆ Herr Schmidt.
3. ■ Welches Fach ist — ⓒ du schwer? ◆ Physik und Chemie.
4. ■ Welche Note hast — ⓓ dein Lieblingsfach? ◆ Mathe.
5. ■ Welche Fächer findest — ⓔ du in Englisch? ◆ Eine Zwei.

b **Unterstreiche die Frageartikel in 2a wie im Beispiel und ergänze die Tabelle.**

Frageartikel welch-	
Nominativ	*Akkusativ*
Welcher Lehrer ist …?	.... Lehrer findest du …?
.... Fach	Welches Fach
Welche Note	.... Note
Welche Fächer sind …?	.... Fächer

Du musst beim Akkusativ maskulin auf das n achten (*welchen*). Alle anderen Formen sind wie im Nominativ.

3 **Lies den Text und ergänze *welch-* in der richtigen Form.**

Hogwarts13
21. Juni

Hallo Leute, ich möchte gerne wissen:
__________________(1) Fächer findet ihr cool?
Ich mag Mathe und Sport total gern, aber Geschichte finde ich auch ziemlich interessant.
Sport haben wir immer am Mittwoch, deshalb ist das mein Lieblingstag. Und am Montag habe ich am Nachmittag frei, deshalb finde ich Montag auch sehr cool. Und __________________(2) Tag mögt ihr gern?
In Englisch lesen wir übrigens gerade *Gullivers Reisen* von Jonathan Swift. Ich finde es ziemlich lustig. Und in Deutsch lesen wir *Krabat* von Otfried Preußler. Das gefällt mir auch total gut! __________________ (3) Buch lest ihr denn gerade im Unterricht?
gesendet am 21.6.

antworten

4a **Unterstreiche in 3 wie im Beispiel *ziemlich*, *sehr*, *total* und das Adjektiv/Adverb.**

Ich mag Mathe und Sport total gern, ...

b **Und wie findest du Montage? Kreuze an.**

Ich finde Montage	◯ ziemlich cool. ☺	◯ sehr cool. ☺ ☺	◯ total cool. ☺ ☺ ☺
	◯ ziemlich doof. ☹	◯ sehr doof. ☹ ☹	◯ total doof. ☹ ☹ ☹

5 **Kombiniere die Adjektive mit *ziemlich*, *sehr* oder *total* und schreib die Sätze in dein Heft.**

1. Ich finde Mathe *sehr interessant, aber auch ziemlich schwer*.
2. Deutsch finde ich *ziemlich leicht und total cool*.
3. James Bond-Filme finde ich …
4. Meine Schule ist …
5. Meine Stadt ist …
6. Meine Familie ist …

schwer • leicht • blöd • langweilig • klein • groß • schön • alt • neu • lustig • verrückt

6a **Lies noch einmal den Text in 3 und unterstreiche die Fragen.**

Welche Fächer findet ihr cool?

b **Antworte auf die Fragen und schreib einen Forumsbeitrag in dein Heft. Verbinde deine Sätze auch mit *und*, *aber* und *deshalb*.**

7 **Ergänze *wer*, *wen*, *wem* oder *welch-* in der richtigen Form.**

1. ● *Welches* Tier kann in der Nacht sehen? ■ Die Katze.
2. ◆ .... lädst du zu deiner Party ein? ▲ Alle meine Freunde.
3. ▲ .... Bus fährt zum Bahnhof? ● Die Linie 10.
4. ▲ .... kommt morgen zum Training? ● Wir kommen alle.
5. ◆ Zu .... gehst du, Simon? ■ Zu Lukas. Die Schule war heute schon früh aus.
6. ▼ Anna spielt mit Rita, Luca spielt mit Jonas. Und .... spielt mit mir?
7. ● .... Sprachen sprichst du? ▲ Deutsch, Englisch und Spanisch. Und du?
8. ▲ Für .... sind die Geschenke? ▲ Für Lukas.

Du weißt schon: *welch-* steht immer mit einem Nomen, z. B. *Welcher Lehrer …?*

NACH AUFGABE 4

GRAMMATIK

8a **Wer hat wann Geburtstag? Ergänze die Monate und die Namen.**

1. Am zweiten Dezember : Jana
2. Am neunzehnten ………… : …………
3. Am zwanzigsten ………… : …………
4. Am einunddreißigsten ………… : …………
5. Am achten ………… : …………
6. Am zwölften ………… : …………

b **Unterstreiche in 8a beim Datum die Präposition und die Endung und ergänze die Regel.**

Datum: Ordinalzahlen

Wann? → am (Zahl 1 bis 19) ten / ………… (Zahl 20 bis 31) …………

! am ersten — am dritten — am siebten — ………… …………

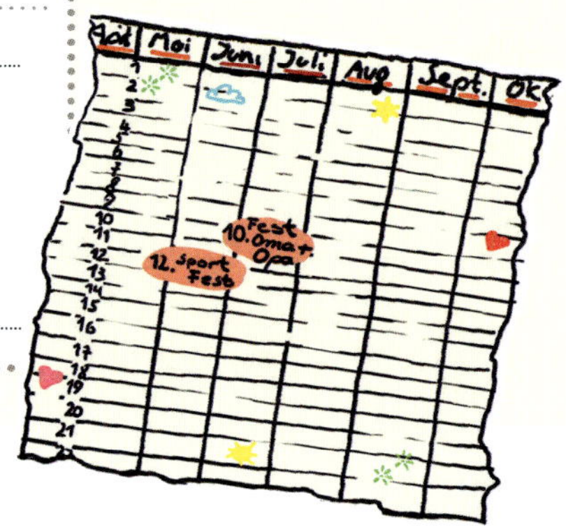

9 **Die Termine von Familie Huber. Wann ist das? Ergänze das Datum.**

1. Susanne Huber: Am zwölften Juni haben wir ein Sportfest. *(12.6.)*
2. Thomas Huber: ………… spielt meine Lieblingsband im Chaos-Café. *(27.2.)*
3. Susanne Huber: ………… machen Oma und Opa ein Fest. *(10.7.)*
4. Frau Huber: ………… fängt mein Englischkurs an. Er ist ………… zu Ende. *(5.9. – 3.10.)*
5. Thomas Huber: ………… schreiben wir eine Klassenarbeit. *(30.4.)*
6. Herr und Frau Huber: Wie schön, ………… haben wir frei! *(1.5.)*

NACH AUFGABE 5

GRAMMATIK

10 **Lies die SMS-Texte. Unterstreiche dann die Satzteile mit *bei* und ergänze die Regel.**

Wo? bei + *Dativ* (Person)	bei mir / bei ………… ! bei ………… bei mein………… Opa

Du kennst schon die Nomen und Possessivartikel im Dativ aus Lektion 13.

11 **Ergänze die Wörter in der richtigen Form.**

Mein Computer ist schon wieder kaputt. Können wir morgen bei ___dir___ (1) spielen? *(du)*

Nein, bei ______ (2) nicht. *(ich)* Papa braucht den Computer.

Okay. Dann vielleicht bei ______ (3). *(Tim)*

Nein, Tim ist am Wochenende wieder bei ______ (4) in Pasing. *(seine Freunde)*

Hm, Vielleicht können wir ja bei ______ (5) spielen. *(mein Cousin)* Er hat tolle Spiele und ist super nett.

NACH AUFGABE 6

SCHREIBTRAINING

12a **Lies die Fragen und die Textteile. Ordne zu.**

1. Was möchtest du machen?
2. Wann ist die Party?
3. Wo ist die Party?
4. Was gibt es da? (Essen, Musik, ...)
5. Wann fängt sie an?
6. Wann ist sie zu Ende?
7. Was können/müssen die Freunde mitbringen?

- (a) Wir fangen um ... an.
- (b) Bring bitte ... mit.
- (c) Bei mir zu Hause. Die Adresse ist ...
- (d) Die Party ist am ...
- (e) Um ... machen wir Schluss.
- (f) Es gibt ...
- (g) Ich mache eine Hut-Party und möchte Dich einladen.

b **Was schreibst du am Anfang einer Einladung? Was schreibst du am Ende? Kreuze an.**

Am Anfang:

- (a) Lieber Jan,
- (b) Guten Tag, Herr ... / Frau ...,
- (c) Liebe Claudia,
- (d) Viele Grüße

Am Ende:

- (a) Ich hoffe, du kannst kommen. Dein Max / Deine Lea
- (b) Viel Glück!
- (c) Ruf bitte an. Telefon: .... Dein ... / Deine ...
- (d) Gute Besserung!

13 **Lies noch einmal die Einladung im Kursbuch (S. 53, Aufgabe 3b).**
Schreib dann selbst eine Einladung in dein Heft. Die Fragen und Textteile in 12 helfen dir.

NACH AUFGABE 7

14 **Ergänze die Glückwünsche. Schreib auch die Antworten.**

1. ● ______ zum Geburtstag!
   ▼ ______.
2. ● ______ Weihnachten!
   ▼ ______! ______.
3. ● ______ Ostern!
   ▼ ______!

NACH AUFGABE 8

15 **Ergänze *ohne* oder *mit*.**

1. ◆ Mama trinkt den Kaffee immer ohne Milch. Sie mag keine Milch.
2. ● Was ist ein Spezi? ▼ Das ist Cola .... Limonade.
3. ▲ Ich liebe Musik. .... Musik kann ich nicht leben!
4. ◆ Was kann man essen? Ich suche ein Wort .... zwei Buchstaben. ■ Ei.
5. ▲ Möchtest du nicht frühstücken? Du kannst doch nicht .... Frühstück in die Schule gehen!

NACH AUFGABE 9

GRAMMATIK

16a **Finde noch fünf Partizipien.**

DERMENF(GEWONNEN)TRAIMMBEKOMMENLUGANDGEGEBENZANLED FOTWEINGELADENLETRANGEFANGENSCHORENRKEVERLORENMAN

b **Welche Partizipien aus 16a passen? Ordne zu und ergänze.**

Infinitiv		*Partizip Perfekt*
geben	→	....
bekommen	→	....
gewinnen	→	gewonnen

Infinitiv		*Partizip Perfekt*
einladen	→	....
anfangen	→	....
verlieren	→	....

17 **Ergänze die passenden Partizipien aus 16.**

1. ▲ Hey, wo warst du gestern? Warum bist du nicht mitgekommen? Der Film war super!
   ◆ Ich hatte ein Handball-Turnier. Es hat um fünf Uhr ....
   ▲ Und? Habt ihr .... ?
   ◆ Nein, wir haben .... Wir haben ziemlich schlecht gespielt.
   ▲ Am Samstag kommst du doch zu meiner Party, oder?
   ◆ Ja klar! Aber du hast mir deine Adresse noch nicht ....

2. ● Nicole macht am Samstag eine Party.
   ▼ Ja, ich weiß. Ich habe eine Einladung .... Hat sie dich auch .... ?
   ● Ja, ich komme auch.
   ▼ Super!

GRAMMATIK

18a **Lies die Sprechblase und unterstreiche die Perfektformen wie im Beispiel.**

b **Ergänze die Regel.**

Perfekt *mit sein*	(!) Auch die Verben *passieren*, *sein* und *bleiben* bilden das Perfekt mit dem Hilfsverb ....

19 **Ergänze die Verben im Perfekt.**

● Gestern .... Lukas und Hektor wieder im Park .... (1) *(sein)*. Meistens bleiben sie eine Stunde, aber gestern .... sie viel länger .... (2) *(bleiben)*. Lukas' Mutter war ganz sauer.

◆ Warum? Was .... (3) *(passieren)*?

● Lukas .... Hektor seinen Ball .... (4) *(geben)* und dann haben sie zusammen gespielt. Aber plötzlich .... Hektor den Ball .... (5) *(verlieren)* und .... immer weiter in den Park .... (6) *(laufen)*. Lukas .... Hektor nicht mehr .... (7) *(sehen)*. Er .... ihn lange .... (8) *(suchen)*. Am Ende hat er ihn auch gefunden (9) *(finden)*.

◆ Zum Glück!

AUSSPRACHE

20 **st – sp: Hör zu und sprich nach.**

38

st	→	Angst	Durst	August	Herbst	Obst	Kunst
s|t	→	bas|teln	kos|ten	lus|tig	Diens|tag	Haus|tier	Geburts|tag
st (wie scht)	→	Strand	Stadt	Straße	Stunde	Blei|stift	Früh|stück
sp (wie schp)	→	spielen	Sport	ge|sprochen	Sprache	spät	Schau|spieler

21 **Hörst du st oder scht? Hör zu, sprich nach und kreuze an.**

39

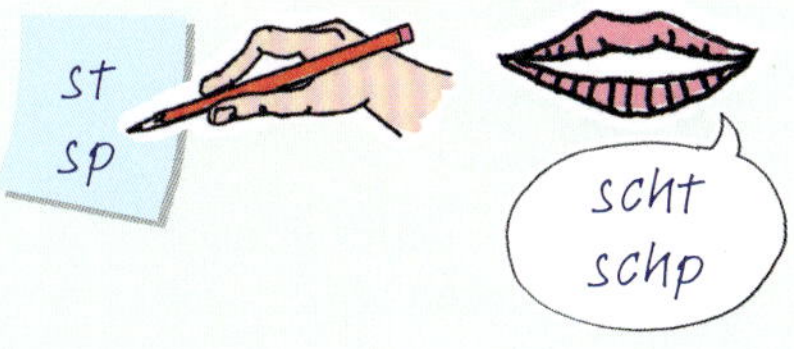

	st/s|t	scht		st/s|t	scht
1. Künstler	○	○	6. nächste	○	○
2. meistens	○	○	7. verstehen	○	○
3. Stadion	○	○	8. zwanzigsten	○	○
4. Poster	○	○	9. Würstchen	○	○
5. Statue	○	○	10. Samstag	○	○

22 **Hör zu und sprich nach.**

40

Ein Tag am Strand
Samstag, der erste August.
Spätes Frühstück,
Badehose in die Sporttasche und los an den Strand!
Stundenlang geschwommen und Volleyball gespielt.
Später Würstchen gegrillt, Eis gegessen, Spaß gehabt.
Echt lustig, unser Tag am Strand!

Lernwortschatz

Die Schule

die Klassenarbeit, -en	....	das Fach, ⸚er	....
die Pause, -n	....	die Note, -n	....
der Fehler,-	....	der Schüler, -	....

Erinnerst du dich noch an alle Schulfächer? *Deutsch, Mathe, Informatik, Sport, …*

In Deutschland gibt es Noten von 1 ☺☺ bis 6 ☹☹.

ziemlich	....	Ich finde Montage ~ doof ☹.
hoffen	....	■ Ich mache eine Party. Ich ~, ihr kommt!
welcher/welches/welche	....	▲ ~ Fach findet Simon leicht? ● Englisch.
die Einladung, -en	....	
der Swimmingpool, -s	....	
das Würstchen, -	....	
die Badehose, -n	....	
lieber/liebe	....	So beginnst du einen Brief an eine Freundin / einen Freund. ~ Simon, … / ~ Anna, …
ein|laden	....	
herzlich	....	
bei	....	Wir feiern ~ Lukas zu Hause.
an|fangen (! du fängst an, er/es/sie fängt an)	....	Die Party ~ um 15 Uhr ~.
das Ende (nur Sg.)	....	
der Glückwunsch, ⸚e	....	
(das) Weihnachten (nur Sg.)	....	
(das) Ostern (nur Sg.)	....	
das Ei, -er	....	

Glückwünsche

Herzlichen Glückwunsch zum Geburtstag!	....
Frohe Weihnachten!	....
Frohe Ostern!	....

ohne	....	↔ mit
gewinnen	....	Nina ~ das Tennisturnier.
verlieren	....	↔ gewinnen
passieren	....	Was ist los? Was ist ~?
schenken	....	Was ~ dir deine Freunde ~? *(Perfekt)*

Lesen

1a **Zu welcher Person passt das Feriencamp Waldhof? Lies die Anzeige und kreuze an.**

(a) Nina, 17 Jahre, spielt manchmal mit ihren Freunden Volleyball im Park.
(b) Paul, 13 Jahre, möchte gern Parkour lernen.
(c) Lisa, 15 Jahre, möchte mit Freunden Musik machen.

FERIENCAMP WALDHOF AM BODENSEE

Du bist zwischen 10 und 15 Jahre alt und machst gern Sport? Dann ist das Feriencamp Waldhof am Bodensee genau das Richtige für dich. Sportfans können sich hier auspowern.

Zusammen in schöner Natur Sport machen, Spaß haben und Freunde finden: „Sport, Spiel und Spaß" – das ist unser Motto.

- Sportarten wie Klettern, Taekwondo, Turnen und Ballsport
- Trendsportarten wie Slackline, Geocachen, Crossgolf und Parkour
- Zimmer für 10–12 Personen
- zusammen kochen
- viel Platz in schöner Natur
- Ausflug an den Bodensee

Informationstreffen für beide Termine
für Kinder, Jugendliche und Eltern
am 23. Juni von 10.00 bis 12.00 Uhr
im Jugendzentrum, Guntherstraße 14

Termin 1	10. bis 16. August, 10-12 Jahre
Termin 2	17. bis 23. August, 13-15 Jahre
Teilnehmer/innen	20 Jungen und 20 Mädchen

Du musst nicht alle Wörter kennen. Du kannst den Text auch so verstehen. Such nur wichtige Wörter im Wörterbuch!

b **Lies die Anzeige noch einmal und beantworte die Fragen.**

1. Wo ist das Camp? ....
2. Wie alt muss man sein? ....
3. Was ist das Motto? ....
4. Was kann man da machen? ....
....
5. Wann und wo kann man mehr Informationen bekommen? ....
....
6. Wann ist das Camp? ....
7. Wie lange geht es? ....
8. Wie viele Kinder und Jugendliche kommen mit? ....

Training: Hören, Schreiben

Hören

2a **Was passt? Hör zwei Mailbox-Nachrichten und ordne zu.** Nachricht 1: ◯ Nachricht 2: ◯

41-42

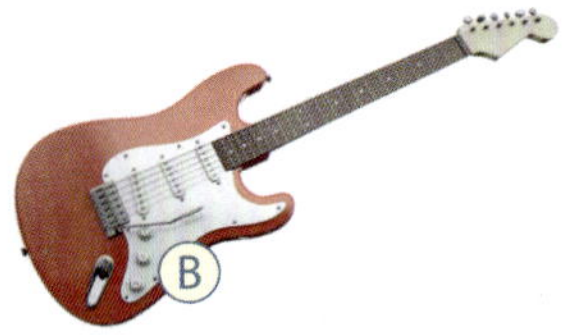

b **Was ist richtig? Hör noch einmal und kreuze an.**

41-42

Nachricht 1:

1. Linus ◯ hat einen Hund. ◯ möchte mit einem Hund spazieren gehen.
2. Er hat die Anzeige ◯ aus dem Supermarkt. ◯ aus der Zeitung.
3. Er hat ◯ jeden Tag ◯ zweimal die Woche Zeit.

Nachricht 2:

1. Kira macht ein Fest ◯ im Gloria-Kino. ◯ im Park.
2. Sie treffen sich um ◯ halb drei. ◯ halb vier.
3. Kira lädt ◯ zehn ◯ dreizehn Freunde ein.

> Du bist nicht sicher? Markiere die Aufgabe und hör noch einmal genau zu.

Schreiben

3a **Lies den Text. Was ist das? Kreuze an.** ⓐ ein Chat ⓑ eine E-Mail ⓒ ein Forum

Ferien zu Hause

von Lizi (13 Jahre), geschrieben am 3. Juni, 15:58 Uhr

Hallo zusammen!
Hilfe! Ich muss in den Sommerferien hier bleiben! Sechs Wochen zu Hause, ist das nicht langweilig?!? Wer kann mir ein paar Tipps geben, was man in der freien Zeit machen kann? Das kann ja auch für andere interessant sein. Danke, danke, danke!

b **Markiere im Text: Was ist das Thema? Was möchte Lizi?**

c **Was möchtest du antworten?**

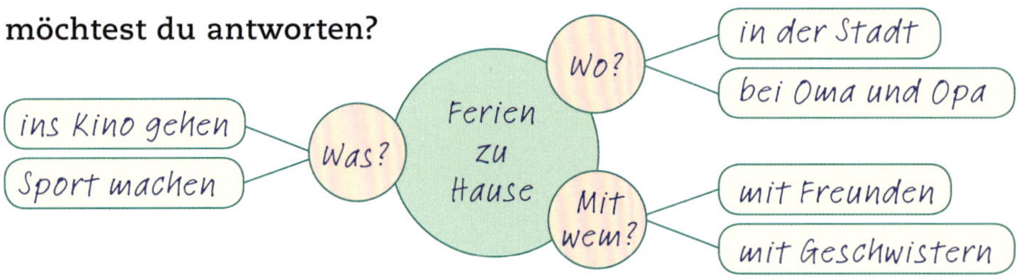

> Plane deinen Text, sammle Ideen und mach Notizen.

d **Gib Lizi Tipps. Schreib einen Forumsbeitrag in dein Heft.**

> Du erinnerst dich: Wenn du einen Tipp geben willst, kannst du den Imperativ mit *doch* oder *doch mal* verwenden.

> Nach dem Schreiben: Korrigiere deinen Text! Lies jeden Satz genau: Steht das Verb auf der richtigen Position? Ist die Verbform korrekt? Hast du alle Wörter richtig geschrieben?

Mach die Übungen. Schau dann auf S. 89 und kontrolliere.
Kreuze an: ☺ *Das kann ich sehr gut!* / 😐 *Das geht so.* / ☹ *Das muss ich noch üben.*

1 Du hast Geburtstag und möchtest einen Freund einladen. Ergänze.

● Hast du .... ? Zeit? Ich .... (Party)
Es gibt .... (Essen)

◆ Oh, toll! Und ....
.... Uhr fängt die Party an?

● ....
Kommst du?

◆ ☺ .... !

Ich kann jemanden einladen, über die Zeit sprechen und Zeitangaben machen. ☺ 😐 ☹

2 Schreib in einem Forum.

Was hast du in den Ferien gemacht?
Wohin möchtest du nächstes Jahr fahren?

....
....
....
....

Ich kann von Vergangenem erzählen, über die Ferien und über Wünsche sprechen. ☺ 😐 ☹

3 Ein Interview zum Thema *Schule*. Ergänze die Fragen und Antworten.

▲ In w.................... Klasse gehst du? ● ....
▲ W.................... ist dein Lieblingsfach? ● ....
▲ W.................... Lehrer hast du in .... ? ● ....
▲ W.................... oft und w.................... lange machst du Hausaufgaben? ● ....

Ich kann über die Schule und die Häufigkeit und Dauer sprechen. ☺ 😐 ☹

4 Deine Brieffreundin fragt dich, wie du wohnst. Was antwortest du? Schreib in dein Heft.

Liebe Lotte,
ich wohne ....
Die Wohnung / Das Haus ist .... und hat ....
....
....

Ich kann über meine Wohnung / mein Haus sprechen. ☺ 😐 ☹

Partnerarbeit

Kursbuch, Lektion 13, Aufgabe 5

A **Frag nach den Zeiten und Informationen im Fahrplan. Sprich mit deiner Partnerin / deinem Partner und ergänze den Fahrplan.**

A Wann fährt der IC 2260 in Wien ab?
B Um 8 Uhr 36.
A Wann kommst du in Stuttgart an?
B Um ... Uhr ...
A Musst du umsteigen?
B Nein. / Ja, in ... Holst du mich ab?
A Ja, klar. Gute Reise!
B Danke.

	Ab	An	Umsteigen
IC[1] 2260	Wien 8:36	Stuttgart	....
ICE[2] 595	Stuttgart 13:12	Wien 20:20	Salzburg, München
ICE 74	Zürich	Hannover	....
IC 2371	Hannover 12:01	Zürich 19:00	Göttingen, Basel
IC 2207	Berlin	Frankfurt (M)[4]	....
ICE 372	Frankfurt (M)[4] 11:13	Berlin 15:45	nein
RE[3] 57085	Augsburg	München	....
RE 57044	München 20:04	Augsburg 20:46	nein

[1]Intercity | [2]Intercity-Express | [3]Regional-Express | [4]Frankfurt am Main

Kursbuch, Lektion 14, Aufgabe 7

A **Wo bist du? Markiere vier Orte wie im Beispiel (Park). Deine Partnerin / Dein Partner rät.**

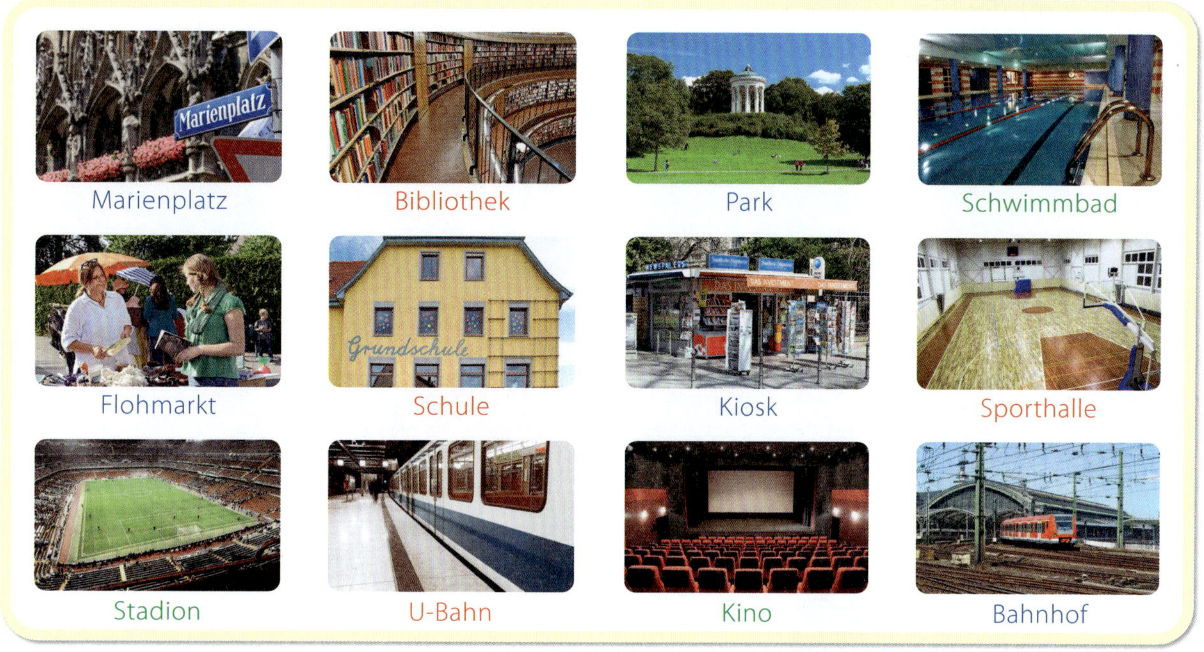

A **Wo ist deine Partnerin / dein Partner? Rate und notiere die Antworten (falsch: ✗, richtig: ✓). Bei „falsch" darf deine Partnerin / dein Partner dich fragen. Wer zuerst alle vier markierten Orte der Partnerin / des Partners gefunden hat, hat gewonnen.**

A	B
Du bist am Bahnhof.	Richtig!
Du bist im Kino.	Falsch!

Kursbuch, Lektion 16, Aufgabe 4

A **Wann kommt was? Sprich mit deiner Partnerin / deinem Partner und ergänze das Programm.**

A Wann kommt denn „Zwei Schwestern"?
B Das kommt um fünf vor vier.

FERNSEHPROGRAMM

Kanal eins	RTF 1	Super TV
15:55 Zwei Schwestern FILM	15:15 24 Stunden in Berlin DOKU 	…… Hallo in Deutschland NEWS
17:10 Hier in Europa NEWS 	…… Emil und Paul TRICKFILM	…… Wir Freunde SERIE
…… Wissen am Abend: das Auge WISSEN	18:05 Familie heute TALKSHOW	17:05 Kolumbus HISTORY 
…… Leute von heute PORTRÄTS	19:15 Planet Prana FANTASY 	19:05 Hektor – ein Hund auf Reisen ZEICHENTRICKSERIE
19:45 Leben in meiner Straße TELENOVELA 	…… Tennis: German Open LIVE 	18:50 Im Land von Dorus FANTASY

Kursbuch, Lektion 13, Aufgabe 5

B **Frag nach den Zeiten und Informationen im Fahrplan. Sprich mit deiner Partnerin / deinem Partner und ergänze den Fahrplan.**

B Wann fährt der ICE 595 in Stuttgart ab?
A Um 13 Uhr 12.
B Wann kommst du in Wien an?
A Um ... Uhr ...
B Musst du umsteigen?
A Nein. / Ja, in ... Holst du mich ab?
B Ja, klar. Gute Reise!
A Danke.

	Ab	An	Umsteigen
IC[1] 2260	Wien 8:36	Stuttgart 15:04	München
ICE[2] 595	Stuttgart 13:12	Wien	....
ICE 74	Zürich 10:00	Hannover 16:17	nein
IC 2371	Hannover	Zürich	....
IC 2207	Berlin 13:52	Frankfurt (M)[4] 18:37	Leipzig ....
ICE 372	Frankfurt (M)[4]	Berlin	....
RE[3] 57085	Augsburg 17:16	München 17:58	nein
RE 57044	München	Augsburg	....

[1]Intercity | [2]Intercity-Express | [3]Regional-Express | [4]Frankfurt am Main

Kursbuch, Lektion 14, Aufgabe 7

B **Wo bist du? Markiere vier Orte wie im Beispiel (Bahnhof). Deine Partnerin / Dein Partner rät.**

Kino

Bahnhof

Sporthalle

Kino

Bahnhof

Sporthalle

Marienplatz

Schule

Schwimmbad

Bibliothek

Kiosk

U-Bahn

Park

Stadion

Flohmarkt

B **Wo ist deine Partnerin / dein Partner? Rate und notiere die Antworten (falsch: X, richtig: ✓). Bei „falsch" darf deine Partnerin / dein Partner dich fragen. Wer zuerst alle vier markierten Orte der Partnerin / des Partners gefunden hat, hat gewonnen.**

B	A
Du bist ist im Park	Richtig!
Du bist in der Bibliothek.	Falsch!

Marienplatz

Bibliothek X

Park ✓

Marienplatz

Bibliothek

Park

Schwimmbad

Flohmarkt

Schule

Kiosk

Sporthalle

Stadion

U-Bahn

Kino

Bahnhof

Kursbuch, Lektion 16, Aufgabe 4

B **Wann kommt was? Sprich mit deiner Partnerin / deinem Partner und ergänze das Programm.**

B Wann kommt denn „24 Stunden in Berlin"?
A Das kommt um Viertel nach drei.

FERNSEHPROGRAMM

Kanal eins	RTF 1	Super TV
15:55 Zwei Schwestern FILM	15:15 24 Stunden in Berlin DOKU 	15:40 Hallo in Deutschland NEWS
.... Hier in Europa NEWS 	16:45 Emil und Paul TRICKFILM	16:20 Wir Freunde SERIE
18:20 Wissen am Abend: das Auge WISSEN	.... Familie heute TALKSHOW	.... Kolumbus HISTORY 
19:00 Leute von heute PORTRÄTS	.... Planet Prana FANTASY 	.... Hektor – ein Hund auf Reisen ZEICHENTRICKSERIE
.... Leben in meiner Straße TELENOVELA 	20:30 Tennis: German Open LIVE 	.... Im Land von Dorus FANTASY

Kursbuch, Lektion 12, Aufgabe 10

Spielt in Gruppen von 3 bis 5 Spielern „6 und 1 – autsch!“.

Ich bin dran!

A würfelt – Ich gehe zur Schule.

B würfelt – Ich gehe zum Park.

Würfelst du eine 6 oder 1, darfst du einen Mitspieler zurückschicken. Er muss auf das letzte Feld zurückgehen, auf dem eine Spielfigur steht.

C würfelt – Ich gehe zur Bibliothek.

C sagt zu **A**: 6 und 1 – autsch! Geh zum Park.

Sieger ist, wer als Erster mit genauer Würfelzahl ins Ziel läuft. Würfelt man eine höhere Zahl, muss man stehen bleiben.

Kursbuch, Lektion 15, Aufgabe 6

Spielt „Schiffe versenken".

Ergänze das Blatt „Schiffe versenken". Deine Partnerin / Dein Partner darf nichts sehen. Verwende diese Wörter:

ein Mädchen, ein Fahrrad, einen Apfelsaft, ein Piratenschiff, einen Kuli, meinen Cousin

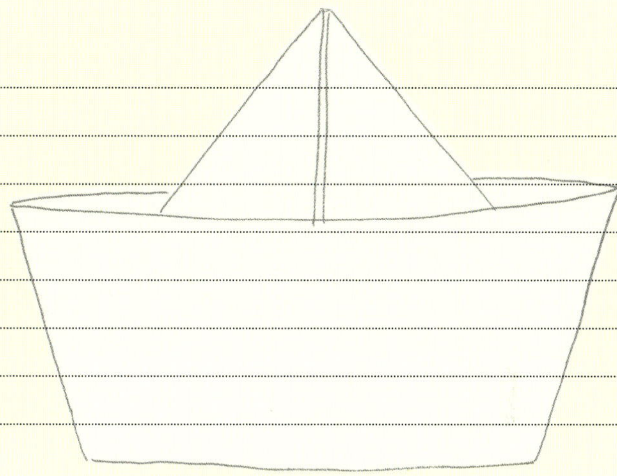

Ich habe .... gekauft.
Ich habe .... bezahlt.
Ich habe .... fotografiert.
Ich habe .... kennengelernt.
Ich habe .... besucht.
Ich habe .... gebastelt.
Ich habe .... gemalt.
Ich habe .... angeschaut.

Frag dann deine Partnerin / deinen Partner.
Bei „Nein" darf dann deine Partnerin / dein Partner dich fragen.

A	Hast du einen Apfelsaft gekauft?	B	Ja. Treffer!
A	Hast du einen Kuli bezahlt?	B	Nein.
B	Hast du …?	**A**	…

Notiere die Antwort deiner Partnerin / deines Partners wie im Beispiel (Treffer: ☺, kein Treffer: ☹).

Treffer ☺	**kein Treffer** ☹
Sie/Er hat .... *einen Apfelsaft*	.... gekauft.
Sie/Er hat	.... *einen Kuli* .... bezahlt.

Treffer ☺	**kein Treffer** ☹
Sie/Er hat	.... gekauft.
Sie/Er hat	.... bezahlt.
Sie/Er hat	.... fotografiert.
Sie/Er hat	.... kennengelernt.
Sie/Er hat	.... besucht.
Sie/Er hat	.... gebastelt.
Sie/Er hat	.... gemalt.
Sie/Er hat	.... angeschaut.

Wer zuerst alle Anworten richtig geraten hat (☺), hat gewonnen.

Unregelmäßige Verben

Infinitiv	Präsens *er/es/sie*	Perfekt *er/es/sie*	*Wie heißt das Verb in deiner Sprache?*
ab|fahren	fährt ab	ist abgefahren	…………
an|fangen	fängt an	hat angefangen	…………
an|kommen	kommt an	ist angekommen	…………
an|rufen	ruft an	hat angerufen	…………
auf|stehen	steht auf	ist aufgestanden	…………
aus|sehen	sieht aus	hat ausgesehen	…………
bekommen	bekommt	hat bekommen	…………
bleiben	bleibt	ist geblieben	…………
bringen	bringt	hat gebracht	…………
denken	denkt	hat gedacht	…………
ein|laden	lädt ein	hat eingeladen	…………
essen	isst	hat gegessen	…………
fahren	fährt	ist gefahren	…………
fern|sehen	sieht fern	hat ferngesehen	…………
finden	findet	hat gefunden	…………
fliegen	fliegt	ist geflogen	…………
geben	gibt	hat gegeben	…………
gefallen	gefällt	hat gefallen	…………
gehen	geht	ist gegangen	…………
gewinnen	gewinnt	hat gewonnen	…………
haben	hat	hat gehabt	…………
heißen	heißt	hat geheißen	…………
helfen	hilft	hat geholfen	…………
kennen	kennt	hat gekannt	…………
kommen	kommt	ist gekommen	…………
können	kann	hat gekonnt	…………
laufen	läuft	ist gelaufen	…………
lesen	liest	hat gelesen	…………
mit|bringen	bringt mit	hat mitgebracht	…………
mit|fahren	fährt mit	ist mitgefahren	…………
mögen	mag	hat gemocht	…………
müssen	muss	hat gemusst	…………
reiten	reitet	ist geritten	…………
schlafen	schläft	hat geschlafen	…………
schreiben	schreibt	hat geschrieben	…………

Unregelmäßige Verben

Infinitiv	**Präsens** *er/es/sie*	**Perfekt** *er/es/sie*	*Wie heißt das Verb in deiner Sprache?*
schwimmen	schwimmt	ist geschwommen	....
sehen	sieht	hat gesehen	....
sein	ist	ist gewesen	....
singen	singt	hat gesungen	....
sprechen	spricht	hat gesprochen	....
stehen	steht	ist gestanden	....
treffen	trifft	hat getroffen	....
trinken	trinkt	hat getrunken	....
um|steigen	steigt um	ist umgestiegen	....
vergessen	vergisst	hat vergessen	....
verlieren	verliert	hat verloren	....
verstehen	versteht	hat verstanden	....
weh|tun	tut weh	hat wehgetan	....
wissen	weiß	hat gewusst	....
wollen	will	hat gewollt	....

Aussprache-Tabelle

	Aussprache-Variante 1			Aussprache-Variante 2		
	Buchstaben	*Laute*	*Beispiele*	*Buchstaben*	*Laute*	*Beispiele*
a	a • aa • ah	[aː]	Abend • Haar • fahren	a	[a]	wann, lang, was
	ä • äh	[ɛː]	spät, Mädchen • erzählen	ä	[ɛ]	März, Ärztin, Städte
	ai	[aɪ]	Mai			
	au	[aʊ]	kaufen, Frau, laufen			
	äu	[ɔy]	aufräumen			
b	b • bb	[b]	bitte, bleiben • Hobby	-b	[p]	Klub, ab|fahren, ab|holen
c	c • ck	[k]	Computer • Block, Hockey			
	ch	[ç]	ich, möchte, Bücher, nächster	ch	[x]	Ach!, auch, kochen, acht
	-chs	[ks]	sechs			
d	d	[d]	Dank, Stunde, hundert, Ende	-d • dt	[t]	Fahrrad, bald • Stadt
e	e • ee • eh	[eː]	Februar • Tee • sehr, zehn	e	[ɛ]	gern, Schwester, lernen
	-e • -en	[ə]	bitte • hören			
	ei	[aɪ]	Freitag, Reis, klein			
	eu	[ɔy]	heute, Deutsch, neu			
f	f • ff	[f]	kaufen, fahren • Schiff, treffen			
g	g • gg	[g]	Geld, Tage • Reggae	-g	[k]	Tag, Mittag|essen
	-ig	[ɪç]	richtig, zwanzig, fertig			
h	h	[h]	heute, Heft, ab|holen	-h-	—	sehen, ruhig
i	i • ie	[iː]	Kino, ihr • spielen, lieben	i	[ɪ]	ich, Kinderzimmer
j	j	[j]	ja, Junge, Jacke	j	[dʒ]	Jeans
k	k	[k]	Kaffee, kalt, Katze			
l	l • ll	[l]	lesen • allein, toll, alle			
m	m • mm	[m]	Musik, Name • kommen, sammeln			
n	n • nn	[n]	neu, man • können			
	ng	[ŋ]	singen, Wohnung	nk	[ŋk]	Dank, trinken, Treffpunkt
o	o • oo • oh	[oː]	schon • doof • wohnen, ohne	o	[ɔ]	kochen, Sonntag
	ö	[øː]	mögen, hören	ö	[œ]	können, möchten, zwölf
p	p • pp	[p]	Prinzessin, April • Suppe	ph	[f]	Physik
q	qu	[kv]	Quiz, Quatsch			
r	r • rr	[r]	Reis • April, Gitarre	r	[ɐ]	aber, klettern
s	s • ss • ß	[s]	das • Wasser • weiß, Großeltern	s	[z]	Samstag, Musik
	sch • s(p) • s(t)	[ʃ]	schreiben • sprechen • stehen			
t	t • tt	[t]	Tante • Surfbrett			
	tz	[ts]	Spitzer, Katze, Platz	tion	[ts]	Information, international
u	u • uh	[uː]	Musik • Uhr	u	[ʊ]	muss, Mutter
	ü • üh	[yː]	Tüte • Frühling, Frühstück	ü	[ʏ]	München, Glück
v	v	[f]	vier, Vater, viel	v	[v]	Volleyball, November
w	w	[v]	wer, wenig			
x	x	[ks]	Saxofon, Text			
y	y	[ʏ]	Ägypten	y	[i]	Handy
z	z • zz	[ts]	Zeit, zehn • Pizza			

Das kannst du jetzt – Modul 4, S. 29

Mögliche Lösungen:

1 Ich lese gern, tanze gern und treffe gern Freunde. Und ich sammle Ringe.

2 1. Geh doch mal ins Kino und schau einen Film. 2. Geh doch mal in den Park und spiel Fußball. 3. Geh doch mal in die Bibliothek und lies Bücher. 4. Geh doch mal ins Café und triff Freunde.

3a Nicht so gut. Ich habe Kopfschmerzen. Meine Füße tun weh.

b Oje! / Oh, wie blöd. / Gute Besserung.

4 Gibst du mir bitte die DVD? Bringst du mir eine Cola mit?

5 Wo wohnst du? Gibst du mir deine Telefonnummer / deine Handynummer?

6 Mit dem Fahrrad. / Mit dem Bus. / Zu Fuß. …

7 Ich finde dich nett/süß/toll/ …

Das kannst du jetzt – Modul 5, S. 53

Mögliche Lösungen:

1 ▲ Wohin fahrt ihr? ● Nach Hamburg. ▲ ☺ Klasse! Und zu wem fahrt ihr? ● Zu meiner Cousine Susanne. ▲ ☺ Das ist ja toll! Und wann? ● Nächsten Samstag. ▲ Aha. Wie fahrt ihr denn? ● Mit dem Zug.

2 ◆ Hallo Oma! Kann ich dich nächsten Samstag besuchen? ● Wie bitte? Was möchtest du? ◆ Ich möchte dich besuchen. ● Ach so, du willst mich besuchen! ◆ Ja, der Zug fährt um 10 Uhr ab. ● Wie bitte? Was hast du gesagt? ◆ Um 10 Uhr fährt der Zug. ● Ach so. ◆ Ich muss in Nürnberg umsteigen. ● Noch einmal bitte! ◆ In Nürnberg muss ich umsteigen. Oma, holst du mich um 16 Uhr in Hannover ab? ● Na klar!

3 ● Hier, ein Geschenk für dich. ■ Für mich? Vielen Dank!

4 Hier kann man viel Sport machen, in den Park gehen und man kann ins Kino gehen.

5 Das kann ich gut ☺: Gitarre spielen, kochen, tanzen
Das kann ich nicht so gut ☹: Französisch sprechen, fotografieren, Tennis spielen

Das kannst du jetzt – Modul 6, S. 77

Mögliche Lösungen:

1 ● Hast du am Samstag Zeit? Ich mache eine Party. ● Es gibt Pizza und Eis.
◆ Oh, toll! Und um wie viel Uhr fängt die Party an? ● Um 17 Uhr. Kommst du?
◆ ☺ Ja klar, gern!

2 Ich war in Italien am Meer. Wir haben Volleyball und Fußball gespielt und sind im Meer geschwommen. Und wir haben ganz viel Pizza und Eis gegessen. Nächstes Jahr will ich in die Schweiz fahren. In der Schweiz kann man wandern, und es gibt viel Schokolade ☺.

Lösungen

3 ▲ In welche Klasse gehst du? ● In die Klasse 7b. ▲ Was ist dein Lieblingsfach? ● Biologie. ▲ Welchen Lehrer hast du in Mathe? ● Herrn Müller. ▲ Wie oft und wie lange machst du Hausaufgaben? ● Jeden Tag eine Stunde.

4 Liebe Lotte, ich wohne in Hamburg. Die Wohnung ist nicht so groß und hat drei Zimmer: ein Wohnzimmer, ein Schlafzimmer und ein Kinderzimmer. Und natürlich eine Küche und ein Bad. Mein Zimmer ist nicht groß, aber ich mag es sehr gern. Schreib mir: Wie wohnst Du? Liebe Grüße Karin

Quellenverzeichnis

Cover: Martin Kreuzer, Bachern am Wörthsee
Seite 3: Kleid, Bluse, Hose, Jeans, Rock, Bikini, Schuhe, Pullover, Jacke © Thinkstock/iStockphoto; Hemd © iStockphoto/ARSELA; Geschenk © iStock/onurdongel; Konzert © iStock/miss_pj
Seite 4: Rad fahren © iStockphoto/Alyn Stafford; Fussball spielen © Thinkstock/Getty Images; Skateboard fahren © iStockphoto/Dizzo; schwimmen © Thinkstock/iStockphoto; Band © Thinkstock/Fuse
Seite 6: Kulis © Thinkstock/iStockphoto; Comics © iStockphoto/Lya_Cattel
Seite 7: A © Thinkstock/Monkey Business; B, C, D, F, G © Thinkstock/iStockphoto; E © Thinkstock/Purestock; H © iStockphoto/craftvision
Seite 10: 17a 1. Reihe von links: © Thinkstock/Zoonar; © Thinkstock/iStockphoto; © Thinkstock/Hemera; © Thinkstock/iStock; 2. Reihe von links: © Thinkstock/iStockphoto (2x); © iStockphoto/Editorial12; © iStockphoto/wdstock; Nico: Dominik Gigler, Gräfelfing
Seite 12: Modellschiff © Thinkstock/iStockphoto; Weltkugel © fotolia/ag visuell
Seite 16: Modellschiff © Thinkstock/iStockphoto
Seite 18: © PantherMedia/Silke Bartz
Seite 19: Tor © Thinkstock/iStock; Weltkugel © fotolia/ag visuell
Seite 20: Bus © fotolia/Olga D. van de Veer; Tram © fotolia/Eric Gevaert
Seite 21: Zug © fotolia/Wolfgang Jargstorff; Tram © fotolia/Eric Gevaert; Auto © PantherMedia/Jacek Tarczyński; Fahrrad © Thinkstock/iStockphoto; U-Bahn © Thinkstock/Hemera
Seite 22: 1 © Thinkstock/Pixland; 2: Florian Bachmeier, Schliersee; 3 © Thinkstock/iStockphoto; 4 © iStock/Tim Goodwin; 5, 6 © Hueber Verlag/Holger Latzel
Seite 24: Picto Mädchen © Thinkstock/iStockphoto; Fussball © Thinkstock/Hemera
Seite 26: Bus © fotolia/Olga D. van de Veer; Tram © fotolia/Eric Gevaert; Zug © fotolia/Wolfgang Jargstorff; Auto © PantherMedia/Jacek Tarczyński; U-Bahn © Thinkstock/Hemera; zu Fuß © Thinkstock/iStockphoto; Weltkugel © fotolia/ag visuell
Seite 27: Rad fahren © iStockphoto/Alyn Stafford; Fussball spielen © Thinkstock/Getty Images; Skateboard fahren © iStockphoto/Dizzo; schwimmen © Thinkstock/iStockphoto; Band © Thinkstock/Fuse; fotografieren © Thinkstock/iStockphoto
Seite 28: © Thinkstock/iStock
Seite 29: Bus © fotolia/Olga D. van de Veer; Fahrrad © Thinkstock/iStockphoto; zu Fuß © Thinkstock/iStockphoto
Seite 30: Melanie © Thinkstock/Fuse; Nico, Simon © Dominik Gigler, München
Seite 31: Granada © iStockphoto/WillSelarep; Zürich, Istanbul © Thinkstock/iStockphoto; New York © iStockphoto/vanbeets
Seite 32: © Thinkstock/iStockphoto
Seite 36: Flugzeug © fotolia/Eray; Fahne © fotolia/createur; Statue © Thinkstock/Photodisc; Uhr © Thinkstock/iStock/alex-mi; Weltkugel © fotolia/ag visuell; Tasche © Olga
Seite 37: Übung 1: A, B, D, E, F, G, H © Thinkstock/iStockphoto; C © iStockphoto/ARSELA
Seite 39: Smily, Bluse, Fotos, CD © Thinkstock/iStockphoto; Kuli © iStockphoto/phant
Seite 40: © fotolia/BildPix.de
Seite 41: Schule © Thinkstock/AbleStock.com; Laufen © Thinkstock/iStockphoto; Bushaltestelle © MHV-Archiv/Holger Latzel; Kiosk © Thinkstock/Digital Vision
Seite 43: Kleid, Bluse, Hose, Jeans, Rock, Bikini, Schuhe, Pullover, Jacke © Thinkstock/iStockphoto; Hemd © iStockphoto/ARSELA; Geschenk © iStock/onurdongel; Konzert © iStock/miss_pj; Kiosk © iStockphoto/ollo; Weltkugel © fotolia/ag visuell
Seite 46: Auto, Telefon © Thinkstock/iStockphoto
Seite 48: Simon: Dominik Gigler, Gräfelfing
Seite 49: Clipart © Thinkstock/iStockphoto
Seite 50: Weltkugel © fotolia/ag visuell; Jojo © Thinkstock/Hemera
Seite 51: 1a: A © iStock/miss_pj; B © fotolia/lightpoet; C © Thinkstock/Eyecandy Images; D © fotolia/lightpoet
Seite 52: © Thinkstock/iStockphoto
Seite 53: © Thinkstock/iStockphoto
Seite 54: A, C, D, E © Thinkstock/iStockphoto, B © Thinkstock/AbleStock.com
Seite 55: Digitaluhr, Uhr 4 © Thinkstock/iStockphoto; Wecker © iStockphoto/DSGpro; Uhr 6 © iStockphoto/carlosalvarez
Seite 57: Katze links, Hund links, Pferd Zeichnung © Thinkstock/iStockphoto; Katze rechts © Thinkstock/Hemera; Hund rechts © Thinkstock/Zoonar; Charly © Thinkstock/Comstock, reiten © iStockphoto/t-lorien
Seite 58: Mädchen © Thinkstock/Purestock; Junge Mitte © Thinkstock/Comstock; Junge rechts © Thinkstock/Lite Productions; Kätzchen © Thinkstock/Digital Vision; nasse Katze © Thinkstock/iStockphoto
Seite 59: © Thinkstock/iStock
Seite 60: Plan: Susanne Dorner, München; Mantel © Thinkstock/iStockphoto; Katze © Thinkstock/Stockbyte; Hund © fotolia/Robert Kneschke; Pferd © Thinkstock/iStock; Weltkugel © fotolia/ag visuell
Seite 61: krank sein, Picknick, Thermometer, Riesenrad © Thinkstock/iStockphoto; angeln © Thinkstock/Pixland; wandern © Thinkstock/Hemera; GPS © Thinkstock/Comstock
Seite 62: Junge © Thinkstock/iStockphoto
Seite 63: 1 © Thinkstock/Photodisc; 2 © iStockphoto/gerenme; 3 © fotolia/Andreas Fischer; 4, 6, 7 © Thinkstock/iStockphoto; 5 © Thinkstock/AbleStock.com; 8 © Thinkstock/Ingram Publishing
Seite 64: Mädchen © PantherMedia/Yuri Arcurs; Junge © Thinkstock/Lite Productions
Seite 65: Schwarzwald © iStockphoto/Sergge; Nymphenburg © PantherMedia/gary718
Seite 67: Wald © Thinkstock/Ingram Publishing; See © Thinkstock/AbleStock.com; Fluss © Thinkstock/iStockphoto; Insel © Thinkstock/iStockphoto; Meer © fotolia/Andreas Fischer; Stadt © fotolia/peresanz; Thermometer; krank, Picknick, grillen © Thinkstock/iStockphoto; GPS © Thinkstock/Comstock; Weltkugel © fotolia/ag visuell
Seite 68: 1a © Thinkstock/iStockphoto; 2a © Thinkstock/Pixland
Seite 69: © Thinkstock/Hemera
Seite 73: Übung 22 © Thinkstock/iStock
Seite 74: Würstchen, Badehose © Thinkstock/iStockphoto; Geschenk © iStock/onurdongel
Seite 75: Parkour, Slackline © Thinkstock/iStockphoto; Lagerfeuer © Thinkstock/Photodisc
Seite 76: Torte, Surfbrett © Thinkstock/iStockphoto; Hund © iStockphoto/GlobalP; Gitarre © Thinkstock/iStock; Ü3a © Thinkstock/iStockphoto
Seite 77: Strand © Thinkstock/iStockphoto; Berge © fotolia/Marcin Osadzin; See © iStockphoto/ronaldino3001
Seite 78: © Digital Wisdom
Seite 79: Marienplatz, Bibliothek, Sporthalle, Stadion, Kino © Thinkstock/iStockphoto; Park © fotolia/Clearlens; Schwimmbad © iStockphoto/Editorial12; Schule © Pitopia/Ulrike Steinbrenner; Kiosk © iStockphoto/ollo; U-Bahn, Bahnhof © Thinkstock/Hemera
Seite 80: Spree Strand, Kolumbus, Jugendliche, Tennis © Thinkstock/iStockphoto; Europakarte © fotolia/António Duarte
Seite 81: © Digital Wisdom
Seite 82: Marienplatz, Bibliothek, Sporthalle, Stadion, Kino © Thinkstock/iStockphoto; Park © fotolia/Clearlens; Schwimmbad © iStockphoto/Editorial12; Schule © Pitopia/Ulrike Steinbrenner; Kiosk © iStockphoto/ollo; U-Bahn, Bahnhof © Thinkstock/Hemera
Seite 83: Spree Strand, Kolumbus, Jugendliche, Tennis © Thinkstock/iStockphoto; Europakarte © fotolia/António Duarte
Seite 84: Bahnhof, Kaufhaus © Thinkstock/Hemera; Bushaltestelle © Hueber Verlag/Holger Latzel; Park © fotolia/Clearlens; Schule © Pitopia/Ulrike Steinbrenner; Spiegelstr. © Hueber Verlag/Julia Guess; Bibliothek, Kino, Sporthalle, Marienplatz © Thinkstock/iStockphoto; Schwimmbad © iStockphoto/Editorial12; Supermarkt: Florian Bachmeier, Schliersee; Café © Thinkstock/iStock; Theater © iStockphoto/luoman, Würfel © iStockphoto/arakonyunus

Alle übrigen Fotos: Alexander Keller, München
Illustrationen: Monika Horstmann, Hamburg
Bildredaktion: Iciar Caso, Hueber Verlag, München